Elogios a Desenvolvimento Ágil Limpo

"Na jornada para a agilidade, Uncle Bob fez e aconteceu e pode demonstrar tudo. Este livro encantador é parte história, parte trajetórias pessoais, e está repleto de sabedoria. Se quer entender o que é a agilidade e como surgiu, este livro é para você."

— Grady Booch

"O desapontamento de Bob está presente em todas as frases de *Desenvolvimento Ágil Limpo*, mas é um desapontamento justificado. O que *existe* no mundo do desenvolvimento ágil não é nada comparado ao que *poderia existir*. Este livro é a perspectiva de Bob a respeito do que focar para chegar ao que 'poderia existir'. E ele participou de tudo, então vale a pena ler."

— Kent Beck

"É bom ler a opinião de Uncle Bob sobre a agilidade. Quer você seja apenas um iniciante ou um *agilista* experiente, é importante ler este livro. Concordo com quase tudo. Só não concordo com as partes que me fazem perceber minhas falhas. Agora, verifico duplamente o código (85,09%)."

— Jon Kern

"Este livro apresenta um panorama histórico por meio do qual é possível visualizar o desenvolvimento da agilidade de forma mais completa e precisa. Uncle Bob é uma das pessoas mais inteligentes que conheço e tem um entusiasmo sem limites pela programação. Se alguém pode desmistificar o desenvolvimento ágil, é ele."

— Da Apresentação de Jerry Fitzpatrick

DESENVOLVIMENTO ÁGIL LIMPO

DESENVOLVIMENTO ÁGIL LIMPO
De Volta às Origens

Robert C. Martin

ALTA BOOKS
GRUPO EDITORIAL
Rio de Janeiro, 2020

Desenvolvimento Ágil Limpo – De volta às origens
Copyright © 2020 da Starlin Alta Editora e Consultoria Eireli. ISBN: 978-85-508-1500-8

Translated from original Clean Agile. Copyright © 2020 by Pearson Education, Inc. ISBN 9780135781869. This translation is published and sold by permission of Pearson Education, Inc, the owner of all rights to publish and sell the same. PORTUGUESE language edition published by Starlin Alta Editora e Consultoria Eireli, Copyright © 2020 by Starlin Alta Editora e Consultoria Eireli.

Todos os direitos estão reservados e protegidos por Lei. Nenhuma parte deste livro, sem autorização prévia por escrito da editora, poderá ser reproduzida ou transmitida. A violação dos Direitos Autorais é crime estabelecido na Lei nº 9.610/98 e com punição de acordo com o artigo 184 do Código Penal.

A editora não se responsabiliza pelo conteúdo da obra, formulada exclusivamente pelo(s) autor(es).

Marcas Registradas: Todos os termos mencionados e reconhecidos como Marca Registrada e/ou Comercial são de responsabilidade de seus proprietários. A editora informa não estar associada a nenhum produto e/ou fornecedor apresentado no livro.

Impresso no Brasil — 1ª Edição, 2020 — Edição revisada conforme o Acordo Ortográfico da Língua Portuguesa de 2009.

Produção Editorial	**Produtor Editorial**	**Marketing Editorial**	**Editores de Aquisição**
Editora Alta Books	Illysabelle Trajano	Lívia Carvalho	José Rugeri
	Juliana de Oliveira	marketing@altabooks.com.br	j.rugeri@altabooks.com.br
Gerência Editorial	Thiê Alves		Márcio Coelho
Anderson Vieira		**Coordenação de Eventos**	marcio.coelho@altabooks.com.br
	Assistente Editorial	Viviane Paiva	
Gerência Comercial	Maria de Lourdes Borges	eventos@altabooks.com.br	
Daniele Fonseca			

Equipe Editorial	**Equipe Design**
Ian Verçosa	Larissa Lima
Raquel Porto	Paulo Gomes
Rodrigo Dutra	
Thales Silva	

Tradução	**Copideque**	**Revisão Gramatical**	**Diagramação**
Cibelle Ravaglia	Jana Araujo	Thamiris Leiroza	Joyce Matos
		Thaís Pol	

Publique seu livro com a Alta Books. Para mais informações envie um e-mail para autoria@altabooks.com.br

Obra disponível para venda corporativa e/ou personalizada. Para mais informações, fale com projetos@altabooks.com.br

---

Erratas e arquivos de apoio: No site da editora relatamos, com a devida correção, qualquer erro encontrado em nossos livros, bem como disponibilizamos arquivos de apoio se aplicáveis à obra em questão.

Acesse o site www.altabooks.com.br e procure pelo título do livro desejado para ter acesso às erratas, aos arquivos de apoio e/ou a outros conteúdos aplicáveis à obra.

Suporte Técnico: A obra é comercializada na forma em que está, sem direito a suporte técnico ou orientação pessoal/exclusiva ao leitor.

A editora não se responsabiliza pela manutenção, atualização e idioma dos sites referidos pelos autores nesta obra.

Ouvidoria: ouvidoria@altabooks.com.br

Dados Internacionais de Catalogação na Publicação (CIP) de acordo com ISBD

M379d   Martin, Robert C.

Desenvolvimento Ágil Limpo: De Volta às Origens / Robert C. Martin ; traduzido por Cibelle Ravaglia. - Rio de Janeiro : Alta Books, 2020.
224 p. ; 17cm x 24cm. – (Série Robert C. Martin)

Inclui índice.
ISBN: 978-85-508-1500-8

1. Administração. 2. Desenvolvimento Ágil. I. Ravaglia, Cibelle. II. Título.

2020-1736   CDD 658.3124
                                             CDU 658.310.845

Elaborado por Vagner Rodolfo da Silva - CRB-8/9410

Rua Viúva Cláudio, 291 — Bairro Industrial do Jacaré
CEP: 20.970-031 — Rio de Janeiro (RJ)
Tels.: (21) 3278-8069 / 3278-8419
www.altabooks.com.br — altabooks@altabooks.com.br
www.facebook.com/altabooks — www.instagram.com/altabooks

Para todos os programadores que já enfrentaram o desafio do método cascata.

AVISO

Acesse o site www.altabooks.com.br e procure pelo título ou ISBN do livro para ter acesso às imagens coloridas desta obra.

SUMÁRIO

Apresentação		xv
Prefácio		xvii
Agradecimentos		xxi
Sobre o Autor		xxv
Capítulo 1	Introdução à Metodologia Ágil	1
	A História da Agilidade	3
	Snowbird	11
	Pós-Snowbird	14
	Visão Geral do Ágil	15
	Restrição Tripla	15
	Gráficos na Parede	16
	A Primeira Coisa que Você Sabe	19
	A Reunião	19
	A Fase de Análise	20
	A Fase do Design	21
	A Fase de Implementação	22
	Fase: Marchando para a Morte	23

	Exagero?	23
	Uma Ideia Melhor	24
	Iteração Zero	25
	A Agilidade Gera Dados	26
	Esperança versus Gerenciamento	28
	Gerenciando a Restrição Tripla	28
	Valor de Negócio Agregado	32
	Termina Aqui a Visão Geral	32
	Ciclo de Vida	33
	Conclusão	36
Capítulo 2	**O Porquê da Metodologia Ágil**	**37**
	Profissionalismo	38
	O Software Está em Tudo Quanto É Lugar	39
	Nós Comandamos o Mundo	41
	O Desastre	43
	Expectativas Razoáveis	43
	Nós Não Entregaremos Merda!	44
	Disponibilidade Técnica Contínua	45
	Produtividade Estável	46
	Adaptabilidade Econômica	50
	Melhoria Contínua	50
	Competência Destemida	51
	A QA Não Deve Encontrar Nada	52
	Automação de Testes	53
	Um Ajuda o Outro	54
	Estimativas Realistas	55
	Você Precisa Dizer "Não"	56
	Aprendizagem Determinante Contínua	56
	Mentoria	57
	Declaração de Direitos	57
	Declaração de Direitos do Cliente	57
	Declaração de Direitos do Desenvolvedor	58

	Clientes	58
	Desenvolvedores	60
	Conclusão	62
Capítulo 3	**Práticas de Negócios**	**63**
	Planejamento	64
	Estimativa de Três Pontos	65
	Histórias e Pontos	65
	Histórias para um Caixa Eletrônico	67
	Histórias	74
	Estimativa da História	76
	Gerenciando a Iteração	78
	A Demonstração	81
	Velocidade	81
	Pequenas Versões	83
	Uma Breve História sobre o Controle do Código-fonte	83
	Fitas	85
	Discos e SCCS	86
	Subversion	87
	Git e Testes	87
	Testes de Aceitação	88
	Ferramentas e Metodologias	90
	Desenvolvimento Orientado por Comportamento	90
	A Prática	91
	A Equipe como um Todo	94
	Agrupamento	95
	Conclusão	97
Capítulo 4	**Práticas de Equipe**	**99**
	Metáfora	100
	Design Orientado ao Domínio (DDD)	102
	Ritmo Sustentável	103
	Trabalhar Horas a Fio	104

Maratona		105
Dedicação		105
Dormir		106
Propriedade Coletiva		107
Um Tal de Arquivo X		108
Integração Contínua		110
E Então, Fez-se o Build Contínuo		111
A Disciplina do Build Contínuo		112
Reuniões Diárias		113
Porcos e Galinhas?		114
Gratidão		114
Conclusão		114
Capítulo 5	**Práticas Técnicas**	**115**
	Desenvolvimento Orientado a Testes	116
	Método das Partidas Dobradas	116
	As Três Regras do TDD	118
	Debugging	119
	Documentação	119
	Diversão	120
	Completude	120
	Design	122
	Coragem	123
	Refatoração	125
	Vermelho/Verde/Refatore	126
	Refatorações Maiores	127
	Design Simples	127
	A Magnitude do Design	128
	Programação em Dupla	129
	O que é Programação em Dupla?	129
	Por que em Dupla?	131
	Programação em Dupla como Análise de Código	131
	E Quanto ao Custo?	132

	Apenas Dois?	132
	Gerenciamento	133
	Conclusão	133
Capítulo 6	**Torne-se Ágil**	**135**
	Valores Ágeis	136
	Coragem	136
	Comunicação	136
	Feedback	137
	Simplicidade	137
	Miscelânea	138
	Transformação	139
	O Subterfúgio	139
	Crias Ferinas	140
	Aos Prantos	140
	Moral	141
	Fingimento	141
	Sucesso em Pequenas Organizações	142
	Sucesso Individual e Migração	142
	Criando Organizações Ágeis	143
	Coach	143
	Scrum Masters	144
	Certificação	145
	Uma Verdadeira Certificação	145
	Agilidade em Grande Escala	146
	Ferramentas Ágeis	149
	Ferramentas de Software	150
	O que Faz com que uma Ferramenta Seja Eficaz?	151
	Ferramentas Ágeis Físicas	153
	A Pressão da Automatização	154
	ALMs para os Endinheirados	155
	Coaching — Uma Visão Alternativa	158
	Os Muitos Caminhos que Levam à Agilidade	158

	Do Especialista em Processos ao Especialista Ágil	159
	A Necessidade do Treinamento Ágil	160
	O Treinamento a Serviço do Agile Coach	160
	Além da Certificação ICP-ACC	161
	Ferramentas de Treinamento	161
	As Habilidades de Coaching Professional Não São o Suficiente	162
	Treinamento em um Ambiente com Muitas Equipes	163
	Agilidade em Grande Escala	163
	Usando a Agilidade e o Coaching para Se Tornar Ágil	164
	Desenvolvendo a Agilidade	165
	Torne-se Grande ao Focar as Pequenas Coisas	167
	O Futuro do Treinamento Ágil	168
	Conclusão (Bob na Escuta de Novo)	168
Capítulo 7	**Artesãos de Software**	**169**
	A Ressaca Ágil	171
	Desencontro de Expectativas	173
	Tomando Distância	174
	Software Craftsmanship	175
	Ideologia versus Metodologia	177
	O Software Craftsmanship Tem Práticas?	178
	Foque o Valor, Não a Prática	179
	Discutindo as Práticas	180
	O Impacto do Craftsmanship nas Pessoas	181
	O Impacto do Craftsmanship em Nosso Setor	182
	O Impacto do Craftsmanship nas Empresas	182
	O Craftsmanship e a Agilidade	184
	Conclusão	184
Capítulo 8	**Conclusão**	**185**
Epílogo		**187**
Índice		**193**

APRESENTAÇÃO

O que é o desenvolvimento Ágil? De onde surgiu? Como evoluiu?

Neste livro, Uncle Bob apresenta respostas práticas para essas perguntas. Ele também identifica as diversas maneiras pelas quais o desenvolvimento ágil foi mal interpretado ou deturpado. Seu ponto de vista é relevante porque ele é uma autoridade no assunto, participou do nascimento do desenvolvimento ágil.

Bob e eu somos amigos há muitos anos. Nós nos conhecemos quando entrei no departamento de telecomunicações da Teradyne, em 1979. Como engenheiro elétrico, ajudei a instalar e dar suporte a produtos; depois, me tornei um designer de hardware.

Após um ano no departamento, a empresa começou a buscar novas ideias de produtos. Em 1981, Bob e eu propusemos uma secretária eletrônica para o telefone — era basicamente um sistema de correio de voz com recursos de roteamento de chamadas. A empresa gostou do conceito, e logo começamos a desenvolver a "E.R. — A Recepcionista Eletrônica". Nosso protótipo era de última geração. Ele rodava o sistema operacional MP/M em um processador Intel 8086. As mensagens de voz eram armazenadas em um disco rígido Seagate ST-506 de cinco megabytes. Projetei o hardware da porta de voz, ao passo que Bob começou a desenvolver o aplicativo. Quando terminei meu design, também escrevi o código do aplicativo, e sou desenvolvedor desde então.

Por volta de 1985 ou 1986, a Teradyne interrompeu repentinamente o desenvolvimento da E.R. e, não sabemos por que motivo, retirou o pedido de patente. Foi uma decisão comercial da qual a empresa se arrependeria em breve e que ainda assombra a mim e a Bob.

Por fim, deixamos a Teradyne em busca de outras oportunidades. Bob montou um negócio de consultoria em Chicago. Tornei-me fornecedor e instrutor de software. Conseguimos manter contato, mesmo eu tendo me mudado para outro estado.

Em 2000, eu estava ensinando Análise Orientada a Objetos e Design na Learning Tree International. O curso englobava a UML e o Processo de Desenvolvimento de Software Unificado (USDP). Eu conhecia bem essas tecnologias, mas não com Scrum, Extreme Programming ou metodologias semelhantes.

Em fevereiro de 2001, o Manifesto Ágil foi publicado. Como muitos desenvolvedores, minha reação inicial foi: "O que é ágil?" O único manifesto que conhecia era o de Karl Marx, um comunista sedento. Esse tal de ágil era um grito de guerra? Malditos radicais tecnológicos!

O manifesto começou uma espécie de rebelião. O objetivo era inspirar o desenvolvimento de código enxuto e limpo, empregando uma abordagem colaborativa, adaptativa e orientada por feedback. Ele oferecia uma alternativa aos processos "pesados", como o método cascata e o USDP.

Já se passaram dezoito anos desde a publicação do Manifesto Ágil. Portanto, para a maioria dos desenvolvedores é coisa antiga. Assim, seu entendimento a respeito do desenvolvimento ágil pode não condizer com a intenção de seus criadores.

Este livro apresenta um panorama histórico por meio do qual é possível visualizar o desenvolvimento da agilidade de forma mais completa e precisa. Uncle Bob é uma das pessoas mais inteligentes que conheço e tem um entusiasmo sem limites pela programação. Se alguém pode desmistificar o desenvolvimento ágil, é ele.

— Jerry Fitzpatrick
Software Renovation Corporation
Março de 2019

PREFÁCIO

Prefácio

Este livro não é um trabalho de pesquisa. Não fiz uma análise diligente da documentação disponível. O que você está prestes a ler são lembranças, observações e opiniões pessoais sobre meu envolvimento de vinte anos com a metodologia ágil — nada mais, nada menos.

O estilo de escrita é coloquial. Às vezes, minhas escolhas de palavras são um pouco grosseiras. E, embora eu não fale palavrões, um deles [um tanto modificado] chegou a estas páginas porque não consegui pensar em uma forma melhor de transmitir o significado que queria.

Ah, claro, este livro não é uma festa completa. Quando necessário, citei algumas referências para o leitor. Verifiquei alguns dos meus fatos com os de outras pessoas que estão na comunidade ágil há bastante tempo. Até pedi para diversas pessoas suas opiniões complementares e discordantes sobre os capítulos e seções. Talvez esta obra seja um livro de memórias — os resmungos de um velho rabugento falando para todos aqueles garotos ágeis principiantes e moderninhos para sair do meu quintal.

Este livro é para programadores e pessoas que não programam. Não é técnico nem tem código. Ele visa apresentar um panorama geral da intenção original do desenvolvimento de software ágil sem entrar nos detalhes técnicos de programação, testes e gerenciamento.

É um livro pequeno, pois o assunto não é tão extenso. A metodologia ágil é uma ideia simples sobre um problema banal de equipes pequenas de programação fazendo coisas insignificantes. A agilidade *não é* nenhuma grande ideia sobre um problemão de equipes grandes de programação fazendo coisas significativas. É um pouco irônico que essa solução simplificada para um problema banal tenha um nome. Afinal de contas, o problema banal em questão foi resolvido nos anos 1950 e 1960, assim que o software foi inventado. Naquela época, equipes pequenas de software aprendiam a fazer as coisas insignificantes relativamente bem. Mas tudo foi por água abaixo na década de 1970, quando as equipes pequenas de software que faziam coisas insignificantes adotaram uma ideologia cujo princípio era fazer grandes coisas com equipes grandes.

Mas não deveríamos fazer coisas significativas com as equipes grandes? Não! Coisas significativas não são feitas por equipes grandes; elas são feitas pela colaboração de muitas equipes pequenas que fazem muitas coisas insignificantes. Os programadores das décadas de 1950 e 1960 sabiam disso instintivamente. Mas isso foi esquecido nos anos 1970.

Por quê? Suspeito que foi por causa de uma descontinuidade. A quantidade de programadores no mundo começou a explodir na década de 1970. Antes, havia somente alguns milhares de programadores. Depois, havia centenas de milhares. Agora, temos quase 100 milhões.

Os primeiros programadores das décadas de 1950 e 1960 não eram lá muito jovens. Eles começaram a programar com cerca de 30, 40 e 50 anos. Na década de 1970, quando a quantidade de programadores estava começando a explodir, esses velhinhos começaram a se aposentar. Logo, ninguém teve o treinamento necessário. Um grupo bastante jovem de 20 e poucos anos entrou no mercado de trabalho no momento em que os velhinhos experientes estavam saindo, e a experiência deles não foi compartilhada.

Dizem as más-línguas que isso instaurou uma espécie de Idade Média na programação. Durante trinta anos, nos debatemos com a ideia de que deveríamos fazer coisas significativas com equipes grandes, sem saber que o segredo era fazer muitas coisas insignificantes com muitas equipes pequenas.

Então, em meados dos anos 1990, começamos a perceber nossa negligência. A ideia de equipes pequenas começou a germinar e florescer. Ela se espalhou pela comunidade de desenvolvedores de software, ganhando força. Em 2000, notamos que precisávamos reiniciar o setor como um todo. Precisávamos nos lembrar do que nossos antepassados instintivamente sabiam. Precisávamos, mais uma vez, perceber que coisas significativas são feitas por muitas equipes pequenas de forma colaborativa.

Com o intuito de popularizar essa ideia, a batizamos de "ágil".

Escrevi esse prefácio no começo de 2019. Já se passaram quase duas décadas desde a reinicialização de 2000, e me parece que é hora de mais uma. Por quê? Porque os princípios simples e enxutos da metodologia ágil se deturparam ao longo dos anos. Eles foram misturados com os conceitos de Lean, Kanban, LeSS, SAFe, Modern, Skilled e muitos outros. Essas ideias não são ruins por completo, mas também não são as ideias originais da agilidade.

Assim, chegou o momento de lembrarmos o que nossos antepassados sabiam nas décadas de 1950 e 1960 e o que reaprendemos em 2000. Chegou a hora de resgatar o que a agilidade realmente é.

Neste livro, você não encontrará nenhuma novidade, nada impressionante ou surpreendente, tampouco revolucionário, que rompa com os paradigmas. O que encontrará é uma reafirmação da metodologia ágil, conforme ocorreu em 2000. Ah, e narrada de uma perspectiva diferente, e aprendemos algumas coisas nos últimos vinte anos que também incluí. Mas, em geral, a mensagem deste livro é a mesma de 2001 e da década de 1950.

É a velha e boa mensagem. É verdadeira. É uma mensagem que nos fornece a solução simplificada para problemas banais de equipes pequenas de software fazendo coisas insignificantes.

AGRADECIMENTOS

Em primeiro lugar, quero agradecer a uma dupla de programadores intrépidos que alegremente descobriram (ou redescobriram) as práticas apresentadas neste livro: Ward Cunningham e Kent Beck.

O próximo na fila é Martin Fowler. Se não fosse o pulso firme de Martin nos primeiros dias, a revolução ágil provavelmente teria nascido morta.

Ken Schwaber merece um destaque especial devido ao entusiasmo indomável por meio do qual vestiu a camisa da promoção e adoção da agilidade.

Mary Poppendieck também merece um destaque especial pelo altruísmo inesgotável que colocou no movimento ágil e pela sua liderança da Agile Alliance.

Em minha opinião, Ron Jeffries, por meio de palestras, artigos, blogs e simpatia inata de sua personalidade, atuou como a consciência do movimento ágil em seus primeiros passos.

Mike Beedle lutou bravamente em favor da metodologia ágil, mas foi assassinado a sangue frio por um sem-teto nas ruas de Chicago.

Agradecimentos

Os outros autores originais do Manifesto Ágil ocupam um lugar especial:

Arie van Bennekum, Alistair Cockburn, James Grenning, Jim Highsmith, Andrew Hunt, Jon Kern, Brian Marick, Steve Mellor, Jeff Sutherland e Dave Thomas.

Jim Newkirk, meu amigo e parceiro de negócios na época, trabalhou incansavelmente em prol da agilidade, enquanto enfrentava adversidades pessoais que a maioria de nós (e certamente eu) não consegue sequer imaginar.

Em seguida, gostaria de mencionar as pessoas que trabalharam na Object Mentor Inc. Todos assumiram o risco inicial de adotar e promover a metodologia ágil. Alguns estão na foto a seguir, tirada no início do primeiro treinamento de imersão em XP.

Na fila de trás: Ron Jeffries, autor, Brian Button, Lowell Lindstrom, Kent Beck, Micah Martin, Angelique Martin, Susan Rosso e James Grenning.
Na fila da frente: David Farber, Eric Meade, Mike Hill, Chris Biegay, Alan Francis, Jennifer Kohnke, Talisha Jefferson e Pascal Roy.
Não estão na foto: Tim Ottinger, Jeff Langr, Bob Koss, Jim Newkirk, Michael Feathers, Dean Wampler e David Chelimsky.

Eu também gostaria de agradecer às pessoas que se reuniram para formar a Agile Alliance. Algumas estão na foto a seguir, tirada em um kickoff.

Da esquerda para a direita: Mary Poppendieck, Ken Schwaber, autor, Mike Beedle e Jim Highsmith. (Ron Crocker não está na foto.)

Por fim, quero agradecer a todos da Pearson, especialmente à minha editora Julie Phifer.

Sobre o Autor

Robert C. Martin (Uncle Bob) é programador desde 1970. Ele é cofundador da cleancoders.com, que oferece treinamento online para desenvolvedores de software, e fundador da Uncle Bob Consulting LLC, que oferece serviços de consultoria em software, treinamento e desenvolvimento de habilidades para as principais empresas do mundo. Ele trabalhou como prestador de serviço especializado na 8th Light Inc., uma empresa de consultoria de software sediada em Chicago.

O Sr. Martin publicou muitos artigos em diversas revistas especializadas e é palestrante assíduo em conferências e feiras internacionais. Ele também é o criador da aclamada série de vídeos educacionais na cleancoders.com. O Sr. Martin escreveu e editou muitos livros, inclusive:

Sobre o Autor

*Designing Object-Oriented C++ Applications Using the Booch Method
Patterns Languages of Program Design 3*

More C++ Gems

Extreme Programming in Practice

Agile Software Development: Principles, patterns, and practices

UML for Java Programmers

Código Limpo

O Codificador Limpo

Arquitetura Limpa

Desenvolvimento Ágil Limpo

Líder no setor de desenvolvimento de software, Martin trabalhou por três anos como editor-chefe do *C++ Report* e foi o primeiro presidente da Agile Alliance.

Introdução à Metodologia Ágil

Em fevereiro de 2001, um grupo de dezessete especialistas em software se reuniu em Snowbird, Utah, para conversar sobre o estado lamentável do desenvolvimento de software. Naquela época, grande parte dos softwares era arquitetada usando processos ineficazes, pesados e cabalísticos, como o Método Cascata e instâncias sobrecarregadas do Processo Unificado da Rational (RUP). O objetivo desses dezessete especialistas era criar um manifesto que introduzisse uma abordagem mais efetiva e mais leve.

Um trabalho nada fácil. Os dezessete especialistas eram pessoas com experiências diversificadas e opiniões fortes e divergentes. Esperar que esse grupo chegasse a um consenso era uma hipótese remota. E, no entanto, contra todas as probabilidades, eles chegaram ao consenso: o Manifesto Ágil foi escrito e nasceu um dos movimentos mais influentes e duradouros no campo de software.

Os movimentos na área de software seguem um caminho previsível. A princípio, existe uma minoria de apoiadores, outra de críticos entusiasmados e uma grande maioria que simplesmente não se importa. Parte dos movimentos morrem nessa fase ou nem saem dela. Pense em Programação Orientada a Aspectos (POA), Programação Lógica ou cartões CRC. Alguns, no entanto, atravessam o abismo e se tornam extraordinariamente populares e controversos. Outros até conseguem superar a controvérsia e basicamente se tornam parte da tendência dominante do pensamento. Um exemplo é a Programação Orientada a Objetos (OOP), e também a metodologia ágil.

Infelizmente, uma vez que um movimento se torna popular, seu nome é corrompido por mal-entendidos e usurpações. Os produtos e métodos que não têm nada a ver com o movimento em si se aproveitam de seus nomes a fim de lucrar com a popularidade e relevância deles. E assim tem sido com a agilidade.

A finalidade deste livro, escrito quase duas décadas após a reunião de Snowbird, é esclarecer as coisas. É uma tentativa de ser o mais pragmático possível, descrevendo o ágil sem baboseira e sem terminologia duvidosa.

Aqui, são apresentados os fundamentos da agilidade. Muitos enriquecem e contribuem com essas ideias — e não há nada de errado nisso. No entanto, esses enriquecimentos e contribuições são tudo, menos agilidade. Eles são ágeis e mais alguma coisa.

Nesta obra, você lerá o que é a metodologia ágil, o que era e o que inevitavelmente sempre será.

A História da Agilidade

Quando o ágil começou? Provavelmente, há mais de 50 mil anos, no momento em que os humanos decidiram colaborar em prol de um objetivo comum. A ideia de escolher pequenos objetivos intermediários e calcular o progresso após cada um deles é muito intuitiva e humana demais para ser considerada qualquer tipo de revolução.

Quando o ágil começou na indústria moderna? Difícil saber. Imagino que o primeiro motor a vapor, o primeiro moinho, o primeiro motor de combustão interna e o primeiro avião foram produzidos por meio de técnicas que agora chamaríamos de ágeis. A razão disso é que avançar a pequenos passos calculados é bastante natural e humano para que as coisas tenham ocorrido de outra forma.

Mas então, quando o ágil começou no software? Eu gostaria de ter sido uma mosca quando Alan Turing estava redigindo seu artigo de 1936.[1] Acredito que muitos dos "programas" que ele escreveu naquele livro foram desenvolvidos em pequenas etapas com muita verificação. Imagino também que o primeiro código que ele escreveu para o Automatic Computing Engine, em 1946, foi desenvolvido em pequenas etapas, com bastante verificação e até mesmo alguns testes reais.

Os primórdios do software estão repletos de exemplos de comportamento que agora descreveríamos como ágeis. Por exemplo, os programadores que escreveram o software de controle para a cápsula espacial Mercury trabalharam em etapas de meio-dia intercaladas por testes unitários.

---

1. Turing, A. M. 1936. Em números computáveis, com um aplicativo para o Entscheidungsproblem [proof]. *Proceedings of the London Mathematical Society, 2* (publicado em 1937), 42 (1): 230–65. O melhor jeito de entender este artigo é ler a obra-prima de Charles Petzold: Petzold, C. 2008. *A Guided Tour through Alan Turing's Historic Paper on Computability and the Turing Machine.* Indianapolis, IN: Wiley.

Existe muita coisa documentada em outros lugares sobre esse período. Craig Larman e Vic Basili escreveram uma história resumida do primeiro wiki de Ward Cunningham,[2] e também no livro de Lerman *Agile & Iterative Development: A manager's guide [Desenvolvimento Ágil e Iterativo: Um guia para gerentes].*[3]

Mas o ágil não era a única saída. Na realidade, existia uma metodologia competitiva que obtivera um sucesso considerável na manufatura e na indústria em geral: a Administração Científica, ou Taylorismo.

A Administração Científica é uma abordagem top-down, de comando e controle. Os gerentes usam técnicas científicas a fim de determinar os melhores procedimentos para alcançar uma meta e, em seguida, instruem todos os subordinados a seguirem seu planejamento à risca. Dito de outro modo, um grande planejamento é feito antecipadamente, seguido por uma implementação cuidadosa e detalhada.

Possivelmente, a Administração Científica é tão antiga quanto as pirâmides, Stonehenge ou qualquer outra grande obra dos tempos remotos, pois é impossível acreditar que essas obras poderiam ter sido construídas sem ela. Mais uma vez, a ideia de repetir um processo bem-sucedido é intuitiva e humana demais para ser considerada algum tipo de revolução.

A Administração Científica, ou Taylorismo, recebeu esse nome graças ao trabalho de Frederick Winslow Taylor na década de 1880. Taylor oficializou e comercializou a abordagem e fez sua fortuna como consultor de gerenciamento. A técnica foi um grande sucesso e resultou em ganhos de eficiência e produtividade gigantescos durante as décadas que se seguiram.

E foi assim que, em 1970, o mundo do software estava no cruzamento dessas duas técnicas divergentes. Por um lado, o pré-ágil (a metodologia ágil antes de ser chamada de "ágil") seguiu passos breves e reativos que foram calculados e refinados rumo a um escalonamento, em uma caminhada aleatória direcionada, visando um bom resultado. Do outro lado, a Administração Científica postergava a ação até que uma

---

2. O wiki de Ward, c2.com, é o wiki original — o primeiro a aparecer na internet. Foi de grande ajuda durante um bom tempo.

3. Larman, C. 2004. *Agile & Iterative Development: A manager's guide.* Boston, MA: Addison-Wesley.

análise completa e um planejamento detalhado resultante tivessem sido elaborados. O pré-ágil funcionava bem em projetos com baixo custo de mudança e resolvia os problemas parcialmente definidos com objetivos especificados de modo informal. A Administração Científica funcionava melhor em projetos com alto custo de mudança e solucionava problemas bem definidos com objetivos extremamente específicos.

A questão era: que tipo de projeto eram os projetos de software? Eles tinham altos custos de mudança e eram bem definidos com objetivos específicos ou tinham baixos custos de mudança e eram parcialmente definidos com objetivos informais?

Não leia muito esse parágrafo anterior. Ninguém, que eu saiba, fez essa pergunta. Ironicamente, o caminho que escolhemos na década de 1970 parece ter sido mais obra do acaso do que a intenção.

Em 1970, Winston Royce produziu um artigo[4] que descreveu suas ideias para gerenciar projetos de software em larga escala. O artigo tinha um diagrama (Figura 1.1) que retratava seu plano. Royce não criou esse diagrama, nem o defendia como um plano. Na realidade, o diagrama servia como falácia do espantalho para que ele desmantelasse nas páginas seguintes de seu artigo.

---

4. Royce, W. W. 1970. Managing the development of large software systems. *Proceedings, IEEE WESCON,* agosto: 1–9. Acesse em: http://www-scf.usc.edu/~csci201/lectures/Lecture11/royce1970.pdf. [conteúdo em inglês]

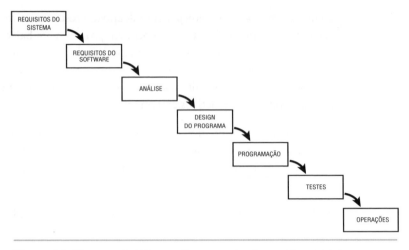

Figura 1.1 Diagrama de Winston Royce que inspirou o Desenvolvimento em Cascata

No entanto, a colocação proeminente do diagrama, e a tendência das pessoas deduzirem o conteúdo de um artigo a partir do diagrama na primeira ou na segunda página, resultaram em uma mudança drástica na indústria de software.

O diagrama inicial de Royce parecia tanto com a água fluindo e descendo sobre algumas pedras que a técnica ficou conhecida como "Cascata".

O Método Cascata descendia, logicamente, da Administração Científica. Tudo era uma questão de fazer uma análise completa, elaborar um planejamento detalhado e, em seguida, executá-lo até concluí-lo.

Ainda que Royce não o recomendasse, era o conceito que as pessoas extraíram do trabalho dele e que dominou as próximas três décadas.[5]

É aqui que entro na história. Em 1970, eu tinha 18 anos e trabalhava como programador em uma empresa chamada ASC Tabulating em Lake Bluff, Illinois. A empresa tinha um IBM 360/30 com 16K de núcleo, um IBM 360/40 com 64K de núcleo e um minicomputador

---

5. Repare que minha interpretação dessa linha do tempo foi contestada no Capítulo 7 de Bossavit, L. 2012. *The Leprechauns of Software Engineering: How folklore turns into fact and what to do about it.* Leanpub.

Varian 620/f com 64K de núcleo. Programei os 360s em COBOL, PL/1, Fortran e Assembler. No 620/f, eu programava apenas em Assembler.

É importante relembrar como era ser um programador naquela época. Escrevíamos a lápis nosso código em formulários de programação e solicitávamos aos perfuradores de cartões que perfurassem os cartões para nós. Submetíamos nossos cartões cuidadosamente verificados aos operadores de computadores que, por sua vez, executavam nossas compilações e testes durante o terceiro turno, porque os computadores estavam ocupados demais durante o dia fazendo trabalho de verdade. Não raro, demorava-se dias para ir do código inicial à primeira compilação, e cada recuperação subsequente levava em torno de um dia.

Já com o 620/f, era um pouco diferente. Essa máquina era dedicada à nossa equipe, por isso, tínhamos acesso a ela 24 horas por dia, todos os dias. Poderíamos fazer dois, três, talvez até quatro recuperações e testes por dia. A equipe da qual eu fazia parte também era composta de pessoas que, diferentemente da maioria dos programadores do turno diário, sabiam digitar. Desse modo, perfurávamos nossos próprios baralhos de cartões em vez de entregá-los aos caprichos dos perfuradores.

Qual era o processo que usávamos naquela época? Com certeza não era o Método Cascata. Não tínhamos a noção de seguir um planejamento detalhado. Entrávamos no sistema todos os dias, executávamos compilações, testávamos nosso código e corrigíamos os bugs. Era um ciclo infinito que não tinha estrutura. Também não era ágil, e nem pré-ágil. Não existia disciplina no modo como trabalhávamos. Não existia um conjunto de testes nem intervalos de tempo calculados. Era somente código e correção, código e correção, dia após dia, mês após mês.

A primeira vez que li a respeito do Método Cascata foi em uma revista especializada, por volta de 1972. Parecia uma dádiva de Deus para mim. Seria realmente possível analisar o problema de forma antecipada, projetar uma solução para esse problema e depois implementá-la? Poderíamos de fato elaborar um cronograma baseado nessas três fases? Quando concluíssemos a análise, teríamos realmente um terço do projeto? Eu sentia o poder do conceito. Eu queria acreditar porque, se funcionasse, era praticamente um sonho se tornando realidade.

Aparentemente, eu não era o único a me sentir assim, porque muitos outros programadores e escritórios de programação também tinham sido contaminados por esse sentimento. E, como disse antes, o Método Cascata começou a dominar o modo como pensávamos.

Dominou, mas não funcionava. Pelos próximos trinta anos, eu, meus colegas e meus irmãos e irmãs programadores mundo afora, tentamos e tentamos fazer essa análise e design darem certo. Mas sempre que pensávamos que havíamos dominado o Método Cascata, ele escapava por nossos dedos durante a fase de implementação. Todos os nossos meses de planejamento cuidadoso se tornavam irrelevantes devido à inevitável pressa desenfreada, materializada bem diante dos olhos flagrantes de gerentes e de clientes, e criavam terríveis atrasos com os prazos.

Apesar do fluxo quase interminável de falhas, persistíamos com o mindset do Método Cascata. Afinal de contas, como isso poderia dar errado? Como a análise minuciosa do problema, o design cuidadoso de uma solução e a implementação desse design repetidamente não conseguiam dar conta do recado? Era inconcebível[6] que o problema estivesse com a nossa estratégia. O problema deveria ser a gente. De alguma forma, estávamos fazendo algo de errado.

O nível em que o mindset do Método Cascata nos dominava pode ser exemplificado com as linguagens de programação atuais. Quando Dijkstra criou a Programação Estruturada, em 1968, a Análise Estruturada[7] e o Design Estruturado[8] não estavam muito atrás. Quando a Programação Orientada a Objetos (OOP) começou a se popularizar em 1988, a Análise Orientada a Objetos[9] e o Design Orientado a Objetos[10] (OOD) também não ficaram muito atrás. Estávamos à mercê desse trio de conceitos e desse triunvirato de fases. Simplesmente não conseguíamos conceber uma maneira diferente de trabalhar.

---

6. Assista *A Princesa Prometida* (1987) em versão legendada para ouvir a entonação correta da palava *inconceivable* (inconcebível).
7. DeMarco, T. 1979. *Structured Analysis and System Specification*. Upper Saddle River, NJ: Yourdon Press.
8. Page-Jones, M. 1980. *The Practical Guide to Structured Systems Design*. Englewood Cliffs, NJ: Yourdon Press.
9. Coad, P. e E. Yourdon. 1990. *Object-Oriented Analysis*. Englewood Cliffs, NJ: Yourdon Press.
10. Booch, G. 1991. *Object Oriented Design with Applications*. Redwood City, CA: Benjamin-Cummings Publishing Co.

A História da Agilidade

E então, de repente, conseguimos.

O início da reformulação da agilidade começou no final dos anos de 1980 ou início dos anos 1990. Na década de 1980, a comunidade da linguagem de programação Smalltalk já começava a demonstrar os sinais da agilidade. Também havia indícios dela no livro de Booch de 1991 sobre OOD.[10] Mais resolução apareceu em Crystal Methods, de Cockburn, em 1991. A comunidade de Design Patterns começou a discuti-la em 1994, estimulada por um artigo escrito por James Coplien.[11]

Em 1995, Beedle,[12] Devos, Sharon, Schwaber e Sutherland haviam escrito o famoso artigo sobre o Scrum.[13] E as comportas foram abertas. O bastião do Método Cascata havia sido violado e não tinha mais volta.

E assim, mais uma vez, eu entro na história. O que relato a seguir é proveniente das minhas memórias; não tentei verificar nada com os envolvidos. Logo, você deve estar ciente de que minhas recordações têm muitas omissões e coisas inacreditáveis, ou, no mínimo, um tanto imprecisas. Mas não se assuste, pelo menos tentei ser um pouco divertido.

Vi Kent Beck pela primeira vez na conferência PLOP[14] de 1994, na qual o artigo dele foi apresentado. Era uma reunião casual, e nada de interessante aconteceu. Eu o conheci em fevereiro de 1999 na conferência da OOP em Munique. Mas, dessa vez, eu sabia muito mais a seu respeito.

Na época, eu era consultor em C++ e OOD, voando para tudo quanto é canto e ajudando as pessoas a projetar e implementar aplicativos em C++ empregando técnicas de OOD. Meus clientes começaram a me

---

11. Coplien, J. O. 1995. A generative development-process pattern language. *Pattern Languages of Program Design.* Reading, MA: Addison-Wesley, p. 183.

12. Mike Beedle foi assassinado em 23 de março de 2018, em Chicago, por um sem-teto com transtornos mentais que havia sido preso e libertado trocentas vezes antes. Ele deveria ter sido internado em uma instituição psiquiátrica. Mike Beedle era meu amigo.

13. Beedle, M., M. Devos, Y. Sharon, K. Schwaber e J. Sutherland. SCRUM: An extension pattern language for hyperproductive software development. Disponível em: http://jeffsutherland.org/scrum/scrum_ plop.pdf.

14. Pattern Languages of Programming foi uma conferência realizada nos anos de 1990 próximo à Universidade de Illinois.

perguntar sobre o processo. Eles ouviram dizer que o Método Cascata não se integrava com a OO e queriam o meu conselho. Concordei[15] sobre a integração da OO com o Método Cascata, e pensei muito no assunto. Até cogitei desenvolver meu próprio processo OO. Felizmente, abri mão dessa ideia logo de início, porque havia me deparado com os escritos de Kent Beck sobre a Extreme Programming (XP).

Quanto mais eu lia sobre XP, mais aficionado ficava. As ideias eram revolucionárias (ou assim eu pensava na época). Elas faziam sentido, sobretudo em um contexto OO (de novo, assim eu pensava na época). Logo, eu estava ávido para aprender mais.

Para minha surpresa, naquela conferência OOP em Munique, eu me vi palestrando do lado oposto a Kent Beck no corredor. Esbarrei com ele durante um intervalo e disse que deveríamos nos encontrar para almoçar a fim de discutir XP. Esse almoço preparou o terreno para uma parceria significativa. Minhas discussões com ele me levaram a viajar para sua casa em Medford, Oregon, com o objetivo de trabalharmos juntos no projeto de um curso sobre XP. Durante essa visita, tive o meu primeiro contato com o Desenvolvimento Orientado a Testes (TDD) e fiquei obcecado.

Naquela época, eu cuidava de uma empresa chamada Object Mentor. Fizemos uma parceria com Kent para oferecer um curso de treinamento de cinco dias em XP, que chamamos de *XP Immersion*. Do final de 1999 até 11 de setembro de 2001,[16] o curso foi um grande sucesso! Treinamos centenas de pessoas.

No verão de 2000, Kent convidou uma determinada quantidade de pessoas da comunidade XP e Patterns para uma reunião perto de sua casa. Ele chamou a reunião de "XP Leadership". Fizemos um passeio de barco e subimos as margens do rio Rogue. E nos reunimos para decidir exatamente o que queríamos fazer com a XP.

Uma das ideias era criar uma organização de XP sem fins lucrativos. Eu era a favor, só que muitos eram contra. Aparentemente, eles tiveram uma experiência negativa com um grupo semelhante de

---

15. Essa é uma daquelas estranhas coincidências que ocorrem de tempos em tempos. Não há nada de especial na OO que a torne menos possível de se integrar com o Método Cascata, e mesmo assim, naqueles dias, essa ideia era dominante.

16. O significado dessa data não deve ser esquecido.

Design Patterns. Deixei a sessão frustrado, porém Martin Fowler me seguiu e sugeriu que nos encontrássemos mais tarde em Chicago para conversar. Concordei.

No outono de 2000, Martin e eu nos encontramos em uma cafeteria próxima ao escritório da ThoughtWorks, onde ele trabalhava. Contei-lhe sobre a minha ideia de reunir todos os apoiadores de processos simplificados concorrentes com o objetivo de lançar um manifesto unificado. Martin fez diversas recomendações para uma lista de convites e colaboramos em sua elaboração. Naquele dia, mais tarde, enviei todas as cartas-convite. O assunto era *Light Weight Process Summit* ["Reunião sobre Processos Leves", em tradução livre].

Um dos convidados era Alistair Cockburn. Ele me ligou para dizer que estava prestes a realizar um encontro parecido, mas que gostava mais da nossa lista de convidados do que da própria. Ele se ofereceu para combinar sua lista com a nossa e fazer o trabalho de campo de agendar a reunião, se concordássemos em nos reunir na estação de esqui de Snowbird, perto de Salt Lake City.

E assim, a reunião em Snowbird foi marcada.

SNOWBIRD

Fiquei bem surpreso que tantas pessoas concordaram em ir. Tipo, quem é que quer participar de uma reunião cujo nome era "Reunião sobre Processos Leves"? Mas, lá estávamos, na sala Aspen, no Lodge, em Snowbird.

Éramos dezessete. Desde então, fomos criticados por sermos dezessete homens brancos de meia-idade. As críticas são justas até certo ponto. No entanto, pelo menos uma mulher, Agneta Jacobson, foi convidada, mas não pôde comparecer. E, afinal de contas, a grande maioria dos programadores seniores do mundo, na época, eram homens brancos de meia-idade — as razões disso já são uma história para outro livro.

Nós, os dezessete, representávamos alguns pontos de vista diferentes, incluindo cinco processos leves distintos. A turma maior era a equipe XP: Kent Beck, eu, James Grenning, Ward Cunningham e Ron Jeffries. Em seguida, vinha a equipe do Scrum: Ken Schwaber, Mike

Beedle e Jeff Sutherland. Jon Kern representava o Desenvolvimento Orientado à Funcionalidade (FDD) e Arie van Bennekum representava a Metodologia de Desenvolvimento de Sistemas Dinâmicos (DSDM). E, por fim, Alistair Cockburn representava sua Família Crystal de Metodologia.

O restante do pessoal não era muito ligado a nenhum processo. Andy Hunt e Dave Thomas eram os programadores pragmáticos. Brian Marick era consultor de testes. Jim Highsmith era consultor de gerenciamento de software. Steve Mellor estava lá para impedir que desconsiderássemos as regras, porque estava representando a filosofia orientada a modelos, da qual muitos de nós desconfiavam. E, por fim, tínhamos Martin Fowler, que, embora tivesse relações pessoais íntimas com a equipe XP, desconfiava de qualquer tipo de processo de marca e simpatizava com todos.

Não me recordo muito dos dois dias em que nos reunimos. Outros que estiveram lá têm uma lembrança diferente da minha.[17] Então, vou lhe contar o que me lembro, mas são memórias de quase duas décadas de um homem de 65 anos. Não vou lembrar de alguns detalhes, mas a essência provavelmente não se perderá.

Foi acordado, de alguma forma, que eu daria início à reunião. Agradeci a todos por terem vindo e sugeri que nossa missão fosse criar um manifesto que descrevesse o que acreditávamos ser comum em relação a todos esses processos leves e no que dizia respeito ao desenvolvimento de software em geral. Depois, me sentei. Acredito que essa foi a minha única contribuição para a reunião.

Fizemos o tipo de coisa padrão em que escrevemos os problemas em cartões e, em seguida, os colocamos no chão e os classificamos em grupos de afinidade. Nem sei se isso ajudou em alguma coisa; apenas lembro de fazê-lo.

---

17. Recentemente, publicaram uma história do evento no *The Atlantic:* Mimbs Nyce, C. 2017. The winter getaway that turned the software world upside down. *The Atlantic.* 8 de dezembro. Acesse em: https://www.theatlantic.com/technology/archive/2017/12/agile-manifesto-a-history/547715/ [conteúdo em inglês]. No momento em que eu redigia este texto, não li esse artigo porque não queria que ele contaminasse as lembranças que estou compartilhando aqui.

Não me recordo se a mágica ocorreu no primeiro ou no segundo dia. Parece-me que foi no final do primeiro dia. Talvez os grupos de afinidade tenham determinado os quatro valores: Indivíduos e Interações, Validação do Software, Colaboração com o Cliente e Resposta à Mudança. Alguém os escreveu no quadro branco na frente da sala e teve a brilhante ideia de dizer que aqueles eram preferenciais, mas não substituíam os valores complementares de processos, ferramentas, documentação, contratos e planos.

Essa é a essência do Manifesto Ágil, e ninguém consegue se lembrar muito bem de quem a colocou primeiro no quadro. Lembro-me de ter sido Ward Cunningham. Mas Ward acredita que foi Martin Fowler.

Veja a foto na página agilemanifesto.org. Ward diz que tirou essa foto para registrar aquele momento. Ela mostra claramente Martin no quadro, com muitos de nós ao seu redor.[18] Isso dá credibilidade à versão de Ward de que foi Martin quem teve a ideia.

Por outro lado, talvez seja melhor que nunca saibamos realmente.

Uma vez que a mágica se concretizou, todo o grupo se reuniu em torno dela. Havia algumas melhorias de texto, ajustes e refinamentos a serem feitos. Pelo que me lembro, foi Ward quem escreveu o preâmbulo: "Estamos identificando formas melhores de desenvolver software fazendo isso e ajudando os outros a fazê-lo." Outros de nós realizaram alterações e sugestões ínfimas, mas ficou claro que estava terminado. Pairava um sentimento de trabalho concluído na sala. Nada de desacordo. Sem discussão. Nem ao menos uma discussão real de alternativas. Eram somente estas quatro linhas:

- **Pessoas e interações**, em detrimento de processos e ferramentas.

- **Validação do software,** em vez de uma documentação exaustiva e longa.

---

18. Da esquerda para a direita, em um semicírculo em volta de Martin, essa foto mostra Dave Thomas, Andy Hunt (ou talvez Jon Kern), eu (você pode ver pelo jeans e pelo Leatherman no meu cinto), Jim Highsmith, alguém, Ron Jeffries e James Grenning. Existe alguém sentado atrás de Ron, e no chão, ao lado do sapato dele, talvez seja um dos cartões que usamos nos grupos de afinidade.

- **Colaboração com o cliente,** em detrimento da negociação de contrato.

- **Resposta à mudança,** em vez de seguir um plano cegamente.

Eu disse que terminamos? Parecia. Naturalmente, havia muitos detalhes para resolver. Por um lado, como chamaríamos aquilo que identificamos?

O nome "Ágil" não era um tiro certeiro. Tínhamos muitos candidatos diferentes. Acontece que eu gostava de "Peso leve", mas ninguém mais gostava. Eles achavam que sugeria "inconsequência". Outros gostaram da palavra "Adaptável". A palavra "Ágil" foi mencionada e uma pessoa comentou que, naquele momento, era uma palavra de ordem popular nas Forças Armadas. No final, embora ninguém realmente tenha amado de paixão a palavra "Ágil", ela era a melhor dentre as várias alternativas ruins.

No final do segundo dia, Ward se ofereceu para publicar o site agilemanifesto.org. Acredito que foi ideia dele que as pessoas o assinassem.

Pós-Snowbird

As duas semanas seguintes não foram tão românticas ou agitadas quanto aqueles dois dias em Snowbird. Elas foram predominantemente ocupadas pelo trabalho duro de elaborar os documentos de princípios que Ward por fim colocou no site.

A ideia de redigir esse documento foi algo que todos concordamos ser necessário com o intuito de explicar e direcionar os quatro valores. Afinal, os quatro valores são os tipos de declarações com as quais todos podem concordar sem ter que mudar nada sobre o modo como trabalham. Os princípios deixam claro que esses quatro valores têm consequências além da conotação de "serem coisas em que todos acreditam".

Não me lembro muito desse período, além do fato de termos enviado por e-mail o documento que relaciona os princípios entre si e que fazíamos muitos ajustes de texto. Trabalhamos arduamente, mas acho que todos sentimos que valeu a pena o esforço. Feito tudo isso, todos voltamos aos nossos trabalhos, atividades e vidas normais. Presumo que a maioria de nós pensou que a história terminaria por aí mesmo.

Nenhum de nós esperava o gigantesco movimento de apoio que se seguiu. Nenhum de nós previu a dimensão das consequências daqueles dois dias. Mas, para que eu não corra o risco de exagerar as coisas por ter participado de tudo, lembro-me sempre de que Alistair estava prestes a realizar uma reunião semelhante. E não deixo de pensar quantos outros estavam prestes a fazer a mesma coisa. Por isso, me contentei com a ideia de que o tempo era propício e que, se nós, dezessete, não tivéssemos nos encontrado naquela montanha em Utah, algum outro grupo teria se encontrado em outro lugar e chegado a uma conclusão parecida.

Visão Geral do Ágil

Como se gerencia um projeto de software? Existiram muitas abordagens ao longo dos anos — a maioria delas, péssimas. A esperança e a oração são populares entre os gerentes que acreditam que existem deuses que governam o destino dos projetos de software. Aqueles que não compartilham dessa crença geralmente recorrem a técnicas motivacionais, como cumprir o cronograma apelando para o chicote, para as correntes e para as fotos de pessoas escalando montanhas e gaivotas voando sobre o mar.

Essas abordagens, quase de forma universal, resultam em manifestações características da má administração de software: equipes de desenvolvimento que estão sempre atrasadas, apesar de trabalharem demais. Equipes que desenvolvem produtos claramente de baixa qualidade e que nem chegam perto de atender às necessidades do cliente.

Restrição Tripla

O motivo pelo qual essas técnicas simplesmente não funcionam é que os gerentes que as empregam não compreendem a lógica fundamental dos projetos de software. Essa lógica restringe todos os projetos a obedecer a uma regra irrefutável chamada de *Restrição Tripla* de gerenciamento de projetos. Bom, rápido, barato, concluído: escolha somente três. Você não pode ter os quatro. Pode ter um projeto que seja bom, rápido e barato, mas não será concluído. Pode ter um projeto concluído, barato e rápido, mas não será nem um pouco bom.

A realidade é que um bom gerente de projetos entende que esses quatro atributos têm coeficientes. Um gerente competente coordena um projeto para ser bom, rápido e barato o suficiente e concluído quando for necessário. Um bom gerente administra os coeficientes desses atributos, em vez de exigir que todos esses coeficientes sejam 100%. A metodologia ágil se esforça para atingir esse tipo de gerenciamento.

A partir desse momento, quero ter certeza de que você entende que o ágil é um framework que *ajuda* os desenvolvedores e os gerentes que desempenham esse tipo de gerenciamento pragmático de projetos. No entanto, esse gerenciamento não ocorre automaticamente, e não existe a garantia de que os gerentes tomem as decisões adequadas. Na verdade, é perfeitamente possível trabalhar com o framework ágil e ainda gerenciar mal o projeto, jogando tudo por água abaixo.

GRÁFICOS NA PAREDE

Então, como a agilidade pode contribuir com esse tipo de gerenciamento? *A agilidade fornece dados.* Uma equipe de desenvolvimento ágil produz somente os tipos de dados que os gerentes precisam para tomar boas decisões.

Veja a Figura 1.2. Imagine que ela está pregada na parede da sala do projeto. Isso não seria um espetáculo?

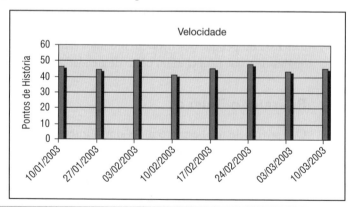

Figura 1.2 A velocidade da equipe

Esse gráfico mostra a quantidade de trabalhado que a equipe de desenvolvimento faz toda semana. A unidade de medida é "pontos de história". Mais adiante, falaremos sobre esses pontos. Por ora, basta analisar esse gráfico. Qualquer um pode bater o olho nele e ver com que rapidez a equipe está avançando. Demora menos de dez segundos para ver que a velocidade média é de aproximadamente 45 pontos por semana.

Qualquer um, até mesmo um gerente, pode prever que na próxima semana a equipe terá cerca de 45 pontos. Nas próximas dez semanas, eles devem apresentar 450 pontos. Isso é poder! É sobretudo poderoso se os gerentes e a equipe tiverem uma boa noção do número de pontos no projeto. De fato, equipes ágeis competentes têm noção dessas informações por meio de mais um gráfico na parede.

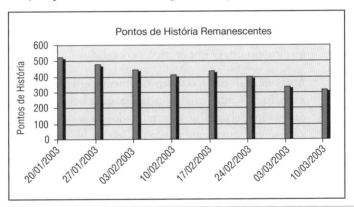

Figura 1.3 Gráfico de burn-down

A Figura 1.3 se chama *gráfico de burn-down*. Ele mostra quantos pontos restam até o próximo grande marco. Observe como diminui a cada semana. Repare que ele diminui menos que o número de pontos no gráfico de velocidade. Isso ocorre porque há um histórico constante de novos requisitos e problemas sendo descobertos durante o desenvolvimento.

Observe que o gráfico de burn-down tem uma curva que prevê quando o marco provavelmente será atingido. Praticamente qualquer pessoa pode entrar na sala, olhar para esses dois gráficos e chegar à conclusão de que o marco será alcançado em junho a uma velocidade de 45 pontos por semana.

Repare que existe uma anomalia no gráfico de burn-down. A semana de 17 de fevereiro, de alguma forma, perdeu terreno. Isso pode ter ocorrido devido ao acréscimo de uma funcionalidade nova ou a alguma outra mudança importante nos requisitos. Talvez seja o resultado de os desenvolvedores reestimarem o trabalho que falta. Em ambos os casos, queremos saber o impacto no cronograma a fim de que o projeto possa ser gerenciado de forma adequada.

É de suma importância para a metodologia ágil que esses dois gráficos estejam na parede. Uma das motivações principais para o desenvolvimento de software ágil é fornecer os dados que os gerentes precisam a fim de decidir como definir os coeficientes na Restrição Tripla e conduzir o projeto rumo ao melhor resultado possível.

Muitas pessoas não concordariam com esse último parágrafo. Afinal, os gráficos não são mencionados no Manifesto Ágil, e nem todas as equipes ágeis usam esses gráficos. E, francamente, não são os gráficos que importam. O importante são os dados.

Antes de mais nada, o desenvolvimento ágil é uma abordagem orientada a feedback. Cada semana, cada dia, cada hora e até cada minuto são orientados pela análise dos resultados da semana, dia, hora e minuto anteriores e, em seguida, pela realização dos ajustes apropriados. Isso vale para os próprios programadores e também para o gerenciamento de toda a equipe. Sem os dados, o projeto não pode ser gerenciado.[19]

Portanto, ainda que você não coloque esses dois gráficos na parede, faça questão de disponibilizar esses dados na cara dos gerentes. Verifique se eles sabem com que rapidez a equipe está avançando e quanto falta para a equipe concluir o trabalho. E apresente essas informações de maneira transparente, pública e clara — por exemplo, colocando os dois gráficos na parede.

---

19. Isso está estritamente relacionado ao ciclo de OODA de John Boyd, resumido aqui: https://en.wikipedia.org/wiki/OODA_loop. Boyd, J. R. 1987. *A Discourse on Winning and Losing.* Maxwell Air Force Base, AL: Air University Library, Document No. M-U 43947 [conteúdo em inglês].

Mas por que isso é tão importante? É possível gerenciar efetivamente um projeto sem esses dados? Durante trinta anos, até tentamos. E foi assim que aconteceu...

A Primeira Coisa que Você Sabe

Qual é a primeira coisa que você sabe a respeito de um projeto? Antes de saber o nome dele ou qualquer um dos requisitos, há um dado que precede todos os demais. *O Prazo,* é claro. E uma vez que *ele* é escolhido, é congelado. Nem adianta tentar negociar *O Prazo* porque ele foi escolhido por boas razões comerciais. Caso *ele* seja em setembro, é porque existe alguma feira ou reunião de acionistas em setembro ou simplesmente o financiamento acaba nesse mês. Seja lá qual for o motivo, é por razões *comerciais*, e isso não mudará apenas porque alguns desenvolvedores acham que talvez não consigam cumprir o prazo.

Ao mesmo tempo, os requisitos estão em constante movimento e nunca podem ser congelados. Isso ocorre porque os clientes não sabem realmente o que querem. Eles meio que sabem qual problema querem *resolver,* mas traduzir isso em forma de requisitos de um sistema nunca é uma coisa simples. Desse modo, os requisitos estão sendo constantemente reavaliados e repensados. Adiciona-se novas funcionalidades. Remove-se as funcionalidades antigas. A interface do usuário altera o formulário semanalmente, se não todos os dias.

Este é o mundo de uma equipe de desenvolvimento de software. É um mundo em que os prazos são congelados e os requisitos constantemente mudam. E, de alguma forma, nesse contexto, a equipe de desenvolvimento deve fazer com que o projeto tenha um bom resultado.

A Reunião

O Modelo Cascata prometia nos oferecer uma saída para lidar com esse problema. Com o intuito de compreender o quanto isso era tentador e ineficaz, mostrarei como era *A Reunião.*

É 1º de maio. O chefão chama todos nós para uma sala de reunião.

"Temos um projeto novo", diz o poderoso chefão. "Ele deve estar concluído no dia 1º de novembro. Ainda não temos requisitos, mas teremos nas próximas semanas."

"Agora, quanto tempo vocês levam para fazer a análise?"

Todos se olham de rabo de olho. Ninguém está disposto a falar. Como você responde a uma pergunta dessa? Um de nós murmura: "Mas ainda não temos requisitos."

"Finjam que têm os requisitos!", fala o chefão, aos gritos. "Vocês sabem como isso funciona. São todos profissionais. Eu não preciso de uma data exata. Só preciso de alguma coisa para colocar no cronograma. Lembrem-se de que, se demorar mais de dois meses, é melhor nem pegarmos esse projeto."

As palavras "dois meses?" escapa da boca de alguém, mas o poderoso chefão toma isso como uma afirmação. "Bom! — Foi o que pensei. Agora, quanto tempo vocês levarão para fazer o design?"

Mais uma vez, paira um silêncio mortal na sala. Você faz as contas. Primeiro, se dá conta de que faltam seis meses para novembro. A conclusão é óbvia. "Dois meses?", você pergunta.

"Exato!", sorri o poderoso chefão. "Exatamente o que pensei. E isso nos deixa dois meses para a implementação. Obrigado por virem à minha reunião."

Muitos leitores já estiveram em uma reunião assim. Considere-se sortudo se nunca esteve.

A Fase de Análise

Em seguida, todos nós deixamos a sala de reuniões e retornamos às nossas mesas. O que estamos fazendo? Este é o início da Fase de Análise, logo, deveríamos estar analisando. Mas, o que seria exatamente uma *análise*?

Se você ler livros sobre análise de software, descobrirá que existem tantas definições de análise quanto autores. Não existe um consenso real acerca do que é análise. Ela pode ser efetuada a partir de uma estrutura analítica dos requisitos. Pode ser a identificação e elaboração dos requisitos. Talvez a criação de um modelo de dados subjacente, ou modelo de objeto, ou... Eis a melhor definição de análise: é o que os analistas fazem.

Naturalmente, algumas coisas são óbvias. Devemos fazer os cálculos do projeto e realizar as projeções básicas de viabilidade e recursos humanos. Devemos garantir que o cronograma seja cumprido. Isso é o mínimo que nossos chefes esperariam de nós. Seja lá o que for esse negócio de análise, é o que faremos nos próximos dois meses.

Esta é a fase de lua de mel do projeto. Todo mundo feliz e contente navegando na internet, negociando um pouco e se reunindo com clientes e usuários, fazendo rascunhos de diagramas legais e, em geral, se divertindo.

Então, em 1º de julho, um milagre acontece. Terminamos a análise.

Por que terminamos a análise? Porque é 1º de julho. O cronograma dizia que deveríamos concluí-la em 1º de julho, então concluímos em 1º de julho. Por que se atrasar?

Então, comemoramos com uma festinha, com balões e discursos, nossa passagem pelos portões das fases e nossa entrada na Fase de Design.

A Fase do Design

Mas, o que estamos fazendo agora? Estamos projetando, claro. Mas o que é *design*?

Sabemos um pouco mais a respeito da definição do design de software. Design de software é quando dividimos o projeto em módulos e projetamos as interfaces entre eles. É também quando determinamos de quantas equipes precisamos e quais devem ser as conexões entre essas equipes. Via de regra, espera-se que isso refine o cronograma para a elaboração de um planejamento de implementação que seja alcançável de forma realística.

Obviamente, as coisas mudam de forma inesperada durante essa fase. Acrescentam-se funcionalidades novas. Removem-se ou alteram-se as funcionalidades antigas. E adoraríamos voltar e analisar novamente essas mudanças; mas o tempo é curto. Então, meio que jogamos essas mudanças no design.

E então, outro milagre acontece. É 1º de setembro e concluímos o design. Por que já terminamos? Porque é dia 1º de setembro. O cronograma diz que devemos terminar, então por que nos atrasar?

Logo, temos outra festa. Balões e discursos. E nós atravessamos o portão para a Fase de Implementação.

Se ao menos pudéssemos fazer isso mais uma vez. Se pudéssemos apenas *dizer* que terminamos a implementação. Mas não podemos, porque a questão da implementação é que, na verdade, ela precisa *estar* pronta. Análise e design não são *entregas binárias*. Essas fases não têm critérios de conclusão inequívocos. Não existe uma maneira real de saber que você as concluiu. Portanto, é melhor terminarmos as coisas no prazo.

A Fase de Implementação

Por outro lado, a implementação tem critérios de conclusão definidos. Não há como fingir que você implementou alguma coisa.[20]

É totalmente inequívoco o que estamos fazendo durante a Fase de Implementação. Estamos desenvolvendo e programando. E é melhor também programarmos como loucos, como se não houvesse amanhã, porque já estouramos quatro meses de prazo desse projeto.

Nesse ínterim, os requisitos ainda estão mudando. Acrescentam-se funcionalidades novas. Removem-se ou alteram-se as funcionalidades antigas Gostaríamos muito de dar um passo para trás, analisar e reprojetar essas mudanças, mas temos apenas semanas. E, assim, lidamos, gerenciamos e encaramos de frente essas mudanças no código.

Ao analisar o código e compará-lo com o design, percebemos que devíamos estar fumando alguma coisa bem forte quando criamos esse design, pois claramente o código não está nada parecido com aqueles diagramas belos e elegantes que desenhamos. No entanto, não temos tempo para nos preocupar com isso, porque estamos correndo contra o relógio e as horas extras só aumentam.

Assim, por volta do dia 15 de outubro, alguém diz: "Ei, qual é prazo? Quando ele termina?" Nesse momento, percebemos que restam somente

---

20. Embora os desenvolvedores do healthcare.gov tenham tentado.

duas semanas e nunca concluiremos o projeto até o dia 1º de novembro. Também é a primeira vez que as partes interessadas são informadas de que pode ocorrer um pequeno contratempo com o projeto.

Imagine a angústia das partes interessadas. "Vocês não poderiam ter nos informado isso na fase de análise? Não era quando deveriam dimensionar o projeto e comprovar a viabilidade do cronograma? Vocês não poderiam ter nos informado isso durante a Fase de Design? Não era quando deveriam dividir o design em módulos, atribuí-los a equipes e fazer as projeções dos recursos humanos? Por que estão nos informando isso apenas duas semanas antes do prazo?"

E eles têm razão, não têm?

FASE: MARCHANDO PARA A MORTE

Agora, entramos na Fase Marchando para a Morte do projeto. Os clientes estão furiosos. As partes interessadas estão possessas. A pressão aumenta. As horas extras disparam. As pessoas desistem. Só desgraça.

Em março, entregamos meio nas coxas alguma coisa que faz mais ou menos o que os clientes querem. Todo mundo está chateado e desmotivado. E prometemos a nós mesmos que *nunca* mais faremos outro projeto como este. Da próxima vez, vamos fazer a coisa certa! Da próxima vez faremos *mais* análise e *mais* design.

Chamo isso de *Inflação Desenfreada do Processo* (*Runaway Process Inflation*). Vamos fazer coisas que não funcionam, e faremos *muitas* delas.

EXAGERO?

Obviamente, essa é uma história exagerada. Engloba em um só lugar praticamente todas as coisas ruins que já aconteceram em um projeto de software. Grande parte dos projetos em Cascata não deu tão errado assim. Na verdade, alguns, por pura sorte, conseguiram ser concluídos com um bocado de sucesso. Por outro lado, participei de reuniões desse tipo em mais de uma ocasião e já trabalhei em projetos semelhantes, e não sou o único. A história pode até ser exagerada, mas ainda é real.

Se você me perguntasse quantos projetos em Cascata foram um completo desastre como o projeto descrito anteriormente, eu diria que poucos — por outro lado, ainda assim deram errado e estão longe de ser muitos. Além do mais, a grande maioria sofreu problemas semelhantes em um grau menor (ou, às vezes, maior).

O Método Cascata não foi um desastre absoluto. Não reduziu a pó cada projeto. Mas foi e continua sendo uma forma desastrosa de gerenciar um projeto de software.

Uma Ideia Melhor

O problema da ideia do Método Cascata é que ela faz todo o sentido. Primeiro, analisamos o problema, então projetamos a solução e depois implementamos o design.

Simples. Direto. Óbvio. E errado.

A abordagem ágil de um projeto é totalmente diferente do que você acabou de ler, mas também faz todo o sentido. Na realidade, ao ler isso, acho que você verá que faz mais sentido do que as três fases do Método Cascata.

Um projeto ágil começa com a análise, no entanto, é uma análise que nunca termina. No diagrama da Figura 1.4, vemos o projeto inteiro. À direita está a data final, 1º de novembro. Lembre-se: a primeira coisa que você sabe é a data. Subdividimos esse tempo em incrementos regulares chamados *iterações* ou *sprints*.[21]

---

21. *Sprint* é um termo usado no Scrum. Não gosto dele porque implica correr o mais rápido possível. Um projeto de software é uma maratona, e acredite, você não quer disparar em uma maratona.

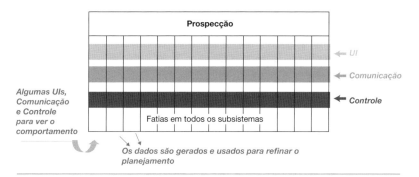

Figura 1.4 Visão macro do projeto

A extensão de uma iteração geralmente é de uma ou duas semanas. Prefiro uma semana porque muita coisa pode dar errado em duas semanas. Outras pessoas preferem duas semanas porque receiam não conseguir fazer o suficiente em uma semana.

ITERAÇÃO ZERO

A primeira iteração, às vezes conhecida como *Iteração Zero,* é usada para gerar uma pequena lista de funcionalidades, chamadas *histórias*. Falaremos mais a respeito nos próximos capítulos. Por ora, pense nelas como funcionalidades que precisam ser desenvolvidas. A Iteração Zero também é utilizada para definir o ambiente de desenvolvimento, estimar as histórias e traçar o planejamento inicial. Esse planejamento é simplesmente uma alocação provisória das histórias para as primeiras iterações. Por fim, a Iteração Zero é empregada pelos desenvolvedores e arquitetos com o intuito de traçar o panorama inicial do design para o sistema com base na lista provisória de histórias.

Esse processo de escrever histórias, estimá-las, planejá-las e projetá-las *nunca para*. Por isso, existe uma barra horizontal em todo o projeto chamada *Prospecção*. Toda iteração no projeto, do começo ao fim, terá um pouco de análise, design e implementação. Em um projeto ágil, estamos *sempre* analisando e projetando.

Algumas pessoas acham que a metodologia ágil é apenas uma série de mini-Métodos Cascatas. *Não* é o caso. As iterações não são subdivididas em três seções. Não se realiza a análise somente no início da iteração, nem se realiza a implementação apenas no final da iteração. Ao contrário, as atividades de análise, arquitetura, design e implementação de requisitos são constantes durante toda a iteração.

Caso ache tudo muito confuso, não se preocupe. Vamos estudar os detalhes nos próximos capítulos. Lembre-se apenas de que as iterações não são o menor nível em um projeto ágil. Existem muitos outros níveis. E a análise, o design e a implementação ocorrem em cada um desses níveis. São dependências sem fim de um sistema.

A Agilidade Gera Dados

A iteração 1 começa com uma estimativa de quantas histórias serão concluídas. A equipe trabalha durante o período da iteração na elaboração dessas histórias. Mais adiante, falaremos sobre o que acontece dentro da iteração. Por enquanto, quais são as possibilidades de a equipe concluir todas as histórias que planejou terminar?

Praticamente zero, é claro. Isso ocorre porque o software não é um processo de estimativa confiável. Nós, programadores, simplesmente não sabemos quanto tempo as coisas levarão. Isso não significa que somos incompetentes ou preguiçosos; significa que não temos como saber exatamente o quanto uma tarefa será complicada até que ela esteja em andamento e seja concluída. Mas, conforme veremos, nem tudo está perdido.

No final da iteração, uma parte das histórias que planejamos terminar será concluída. Isso nos fornece nossa primeira avaliação de quanto pode ser concluído em uma iteração. Ou seja, são *dados reais*. Se assumirmos que toda iteração será semelhante, podemos utilizar esses dados para ajustar nosso planejamento original e calcular uma nova data final para o projeto (Figura 1.5).

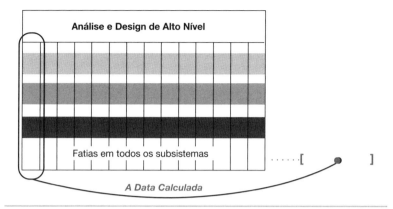

Figura 1.5 Cálculo da nova data de término

É provável que esse cálculo seja bem desanimador. É quase certo que a data final original do projeto será excedida por um fator significativo. Por outro lado, essa data nova tem como base os *dados reais,* logo, não deve ser ignorada. Ela também não pode ser levada muito a sério, pois se baseia em um único ponto de dados; as margens de erro dessa data projetada são bem grandes.

Com o objetivo de limitá-las, devemos fazer mais duas ou três iterações. Assim, obtemos mais dados sobre quantas histórias podem ser realizadas em uma iteração. Descobriremos que esse número varia de iteração para iteração, porém a média é de uma *velocidade* relativamente estável. Após quatro ou cinco iterações, teremos uma ideia bem melhor de quando esse projeto será concluído (Figura 1.6).

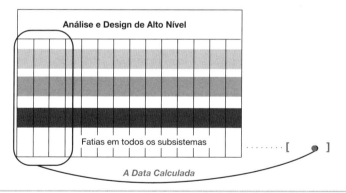

Figura 1.6 Mais iterações significam uma noção melhor da data de término do projeto

À medida que as iterações avançam, as margens de erro diminuem até que não faça sentido esperar que a data original tenha alguma chance de êxito.

ESPERANÇA VERSUS GERENCIAMENTO

A perda de esperança é um dos principais objetivos da agilidade. Colocamos a metodologia ágil em prática para matar a esperança antes que ela destrua o projeto.

A esperança é a assassina de qualquer projeto. É o que faz uma equipe de software iludir os gerentes sobre seu verdadeiro progresso. Quando um gerente pergunta a uma equipe: "Como as coisas estão indo?", é a esperança que responde: "Muito bem." Gerenciar um projeto de software por meio da esperança não é nada bom. A metodologia ágil é uma forma de proporcionar uma bela dose precoce e contínua da realidade nua e crua no lugar da esperança.

Algumas pessoas acham que a agilidade é sobre fazer as coisas rapidamente. Mas não é. Nunca se tratou de fazer as coisas rapidamente. A metodologia ágil é saber, o mais cedo possível, o quanto estamos ferrados. O motivo pelo qual queremos saber isso o quanto antes é para que possamos *gerenciar* a situação. Veja bem, *isso* é o que os gerentes fazem. Gerentes *gerenciam* os projetos de software, coletando os dados e tomando as melhores decisões possíveis com base neles. *A agilidade gera dados.* A agilidade gera muitos dados. Os gerentes utilizam esses dados para direcionar o projeto rumo ao melhor resultado possível.

O melhor resultado possível nem sempre é o resultado desejado a princípio. E pode ser bem frustrante para as partes interessadas que autorizaram esse projeto de início. Contudo, o melhor resultado possível é, por definição, o melhor que elas terão.

GERENCIANDO A RESTRIÇÃO TRIPLA

Então, agora voltamos à *Restrição Tripla* de gerenciamento de projetos: bom, rápido, barato, concluído. Levando em consideração os dados produzidos pelo projeto, é hora dos gerentes de projeto determinarem o quão bom, rápido, barato e concluído o projeto será.

Os gerentes determinam isso ao realizar mudanças no escopo, no cronograma, na equipe e na qualidade.

Mudanças no Cronograma

Vamos começar falando do cronograma. Perguntaremos às partes interessadas se podemos adiar a data do projeto de 1º de novembro para 1º de março. Em geral, essas conversas não são nada agradáveis. Lembre-se de que a data foi escolhida por boas razões comerciais. É bem provável que essas razões não tenham mudado. Desse modo, um atraso geralmente implica que os negócios sofrerão algum tipo de impacto significativo.

Em contrapartida, existem situações em que a empresa simplesmente escolhe a data por conveniência. Por exemplo, talvez aconteça uma feira em novembro em que eles querem exibir o projeto. Talvez ocorra outra feira em março que seria tão boa quanto. Lembre-se: ainda é cedo. Estamos com somente algumas iterações neste projeto. Queremos dizer às partes interessadas que nossa data de entrega será em março *antes* que eles aluguem agora o estande para a feira de novembro.

Há muitos anos, gerenciei um grupo de desenvolvedores de software que trabalhava em um projeto para uma companhia telefônica. No meio do projeto, ficou evidente que não conseguiríamos cumprir com a data prevista de entrega; seria um atraso de seis meses. Levamos o assunto aos executivos da companhia telefônica o mais cedo possível. Eles nunca tinham visto uma equipe de software informá-los com antecedência que o cronograma seria postergado. Simplesmente se levantaram e nos aplaudiram.

Não espere por isso. Mas aconteceu conosco: uma vez só.

Adição de Pessoal

Em geral, a empresa simplesmente não está disposta a mudar o cronograma. A data foi escolhida por boas razões comerciais, e essas razões ainda são válidas. Assim, vamos tentar adicionar pessoal. Todo mundo sabe que podemos avançar duas vezes mais rápido ao duplicar a equipe.

Na verdade, ocorre exatamente o oposto. A Lei de Brooks[22] postula: *Adicionar pessoas a um projeto de software atrasado resulta em um atraso ainda maior.*

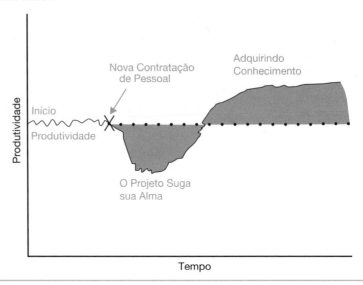

Figura 1.7 O verdadeiro efeito de adicionar mais membros à equipe

O que de fato acontece é mais parecido com o diagrama da Figura 1.7. A equipe está trabalhando em um determinado ritmo de produtividade. Em seguida, uma equipe nova entra em cena. Durante algumas semanas, a produtividade despenca, ao passo que os novos membros sugam a alma dos membros mais antigos. Então, assim se espera, os novos membros começam a adquirir o conhecimento sobre o projeto o bastante para contribuir. A aposta dos gerentes é que a área embaixo da curva seja líquida positiva. Naturalmente você precisa de tempo e melhorias suficientes a fim de compensar a perda inicial.

Outro fator, obviamente, é que a contratação de pessoal é cara. Não raro, o orçamento simplesmente não comporta a contratação de pessoas novas. Portanto, considerando essa discussão, vamos supor que não possamos aumentar a equipe. Isso significa que a qualidade é a próxima coisa a mudar.

---

22. Brooks, Jr., F. P. 1995 [1975]. *The Mythical Man-Month*. Reading, MA: Addison-Wesley. https://en.wikipedia.org/wiki/Brooks%27s_law. [No Brasil, *O Mítico Homem-Mês*]

Diminuindo a Qualidade

Todo mundo sabe que você consegue avançar mais rápido fazendo as coisas malfeitas. Logo, pare de escrever todos esses testes, pare de fazer todas essas análises de código, pare com toda essa idiotice de refatoração e somente programe tudo o que ver pela frente, apenas programe. Programe 80 horas por semana, se necessário, não faça mais nada, só programe!

Espero que saiba que direi que isso tudo será em vão. Fazer as coisas malfeitas *não* o faz avançar mais rápido, o faz avançar mais devagar. Essa é *a* lição que você aprende depois de trabalhar como programador durante vinte ou trinta anos. Não existe essa coisa de código sujo ser rápido. Qualquer código sujo é lento.

A única forma de avançar rápido é fazer as coisas bem-feitas.

Logo, vamos considerar essa máxima e nos esforçar ao extremo. Se queremos reduzir nosso cronograma, a única opção é *aumentar* a qualidade.

Mudanças no Escopo

Isso nos deixa com somente uma coisa para mudar. Talvez, quem sabe, algumas das funcionalidades planejadas não precisem ser concluídas até 1º de novembro. Vamos perguntar às partes interessadas.

"Partes interessadas, se vocês precisam de todas as funcionalidades, será em março. Agora, caso precisem ter algo pronto invariavelmente em novembro, vocês terão que abrir mão de algumas funcionalidades."

"Não abriremos mão de nada; queremos todas! E queremos todas elas até 1º de novembro."

"Acho que vocês não entenderam. Caso queiram toda as funcionalidades, levaremos até março para desenvolvê-las."

"Precisamos de todas elas e até novembro!"

Essa pequena discussão persiste por um tempo, porque ninguém quer ceder. Mas, ainda que as partes interessadas tenham superioridade moral para reclamar, os programadores têm os dados. E em qualquer organização racional, os dados levam a melhor.

Se a organização é racional, as partes interessadas acabam por acatar e aceitar, e começam a analisar o planejamento. Uma a uma, elas determinarão quais funcionalidades não são absolutamente necessárias até novembro. As pessoas ficam chateadas, mas qual escolha concreta a organização racional tem? E assim, o planejamento é alterado. Algumas funcionalidades são proteladas.

Valor de Negócio Agregado

Claro que, inevitavelmente, as partes interessadas encontrarão uma funcionalidade que já implementamos e dirão: "Que pena que vocês fizeram essa funcionalidade, não precisamos dela."

Nunca mais queremos ouvir isso! Sendo assim, a partir de agora, no início de cada iteração, perguntaremos às partes interessadas quais funcionalidades serão implementadas na sequência. Sim, existem dependências entre as funcionalidades, mas somos *programadores,* podemos lidar com dependências. De uma forma ou de outra, implementaremos as funcionalidades na ordem em que as partes interessadas solicitarem.

Termina Aqui a Visão Geral

O que você acabou de ler é somente uma visão da metodologia ágil como um todo. Não detalhei tudo, mas essa é a essência. A agilidade é um processo em que um projeto é subdividido em iterações. A saída de cada iteração é calculada e usada para avaliar continuamente o planejamento. As funcionalidades são implementadas de acordo com o valor de negócio agregado, de modo que as coisas mais valiosas sejam implementadas primeiro. O nível de qualidade é mantido o mais alto possível. O cronograma é principalmente gerenciado conforme a manipulação do escopo.

Isso é a metodologia ágil.

Ciclo de Vida

A Figura 1.8 representa o diagrama de Ron Jeffries, que descreve as práticas XP. Ele é carinhosamente conhecido como *Ciclo de Vida*.

Figura 1.8 Ciclo de Vida

Escolhi as práticas XP para este livro porque, de todos os processos ágeis, a XP é a mais bem definida, a mais completa e a menos confusa. Praticamente todos os outros processos ágeis são um subconjunto ou uma variação da XP. Isso não significa que esses outros processos ágeis devam ser desconsiderados. Você pode, na verdade, considerá-los relevantes para vários projetos. Mas, se quiser entender o que é de fato a metodologia ágil, a melhor coisa é estudar a XP. Ela é o protótipo e o melhor representante do cerne essencial da agilidade.

Kent Beck é o pai da XP, e Ward Cunningham é o avô. Os dois, trabalhando juntos na Tektronix em meados dos anos 1980, exploraram muitas das ideias que acabaram se tornando a XP. Mais tarde, Kent refinou essas ideias na forma concreta que a XP tomou, por volta de 1996. Em 2000, Beck publicou o trabalho definitivo *Programação Extrema (XP) Explicada*.[23]

---

23. Beck, K. 2000. *Extreme Programming Explained: Embrace change*. Boston, MA: Addison-Wesley[No Brasil, *Programação Extrema (XP) Explicada*]. Existe uma segunda edição com direitos autorais de 2005, mas a primeira é a minha favorita e a edição que considero definitiva. Kent pode discordar.

Capítulo I Introdução à Metodologia Ágil

O Ciclo de Vida é subdividido em três círculos. O círculo externo mostra as práticas orientadas para os negócios da XP. Esse anel é basicamente o equivalente ao processo Scrum[24]. Essas práticas fornecem o framework para o modo como a equipe de desenvolvimento de software se comunica com os negócios e os princípios por meio dos quais a equipe de negócios e de desenvolvimento gerencia o projeto.

- O *Planejamento do Jogo* é uma prática que desempenha o papel fundamental desse círculo. Ele nos informa como dividir um projeto em funcionalidades, histórias e tarefas. Fornece orientação para a estimativa, a priorização e o cronograma dessas funcionalidades, histórias e tarefas.

- As *Pequenas Versões* orientam a equipe a trabalhar em pedaços pequenos.

- Os *Testes de Aceitação* estipulam a definição de "concluído" para as funcionalidades, histórias e tarefas. Ele mostra à equipe como determinar critérios de conclusão inequívocos.

- A *Equipe como um Todo* passa a noção de que uma equipe de desenvolvimento de software é constituída por muitas atribuições diferentes, incluindo programadores, testadores e gerentes, que trabalham juntos para atingir o mesmo objetivo.

O círculo no meio do Ciclo de Vida apresenta as práticas orientadas à equipe. Essas práticas fornecem o framework e os princípios por meio dos quais a equipe de desenvolvimento se comunica e se gerencia.

- O *Ritmo Sustentável* é a prática que impede que uma equipe de desenvolvimento esgote todas as suas funcionalidades rapidamente e perca o fôlego antes da linha de chegada.

- A *Propriedade Coletiva* assegura que a equipe não divida o projeto em um conjunto de silos de conhecimento.

- A *Integração Contínua* mantém a equipe com foco em fechar o ciclo de feedback com frequência o bastante, a fim de saber o andamento das coisas o tempo todo.

---

24. Ou, pelo menos, como Scrum foi originalmente concebido. Hoje em dia, o Scrum absorveu muito mais práticas da XP.

- O *Uso de Metáforas* é a prática que cria e promove a terminologia e para que todos da equipe e da empresa falem a mesma língua com o objetivo de se comunicar a respeito do sistema.

O círculo mais interno do Ciclo de Vida representa as práticas técnicas que orientam e restringem os programadores a fim de garantir a mais alta qualidade técnica.

- A *Programação em Dupla* é a prática que promove o conhecimento compartilhado entre a equipe técnica, analisando e colaborando em um nível que resulta em inovação e precisão.
- O *Design Simples* é a prática que guia a equipe para evitar desperdício de esforço.
- A *Refatoração* incentiva a melhoria contínua e o refinamento de todos os produtos de trabalho.
- O *Desenvolvimento Orientado a Testes* é a segurança que a equipe técnica usa com o objetivo de avançar rapidamente, mantendo a mais alta qualidade.

Essas práticas estão em conformidade com os objetivos do Manifesto Ágil *no mínimo* das seguintes maneiras:

- **Pessoas e interações**, em detrimento de processos e ferramentas.
- A Equipe como um Todo, Uso de Metáforas, Propriedade Coletiva, Programação em Dupla e Ritmo Sustentável.
- **Validação do software,** em vez de uma documentação exaustiva e longa.
- Testes de Aceitação, Desenvolvimento Orientado a Testes, Design Simples, Refatoração e Integração Contínua.
- **Colaboração com o cliente**, em detrimento da negociação de contrato.
- Pequenas Versões, Planejamento do Jogo, Testes de Aceitação e Uso de Metáforas.
- **Resposta à mudança**, em vez de seguir cegamente um plano.

- Pequenas Versões, Planejamento do Jogo, Ritmo Sustentável, Desenvolvimento Orientado a Testes, Refatoração e Testes de Aceitação.

No entanto, como veremos à medida que você lê as páginas deste livro, as relações entre o Ciclo de Vida e o Manifesto Ágil são muito mais profundas e sutis do que o simples modelo anterior.

CONCLUSÃO

A metodologia ágil é isso, e foi desse modo que ela se originou. É uma simples modalidade que ajuda pequenas equipes de software a gerenciar pequenos projetos. Mas, a despeito dessa pequenez, as implicações e repercussões do ágil são enormes, porque todos os grandes projetos são, afinal, compostos de muitos projetos pequenos.

A cada dia que passa, o software é cada vez mais incorporado no cotidiano de um enorme e crescente subconjunto de nossa população. Não é nem um pouco exagerado afirmar que quem manda no mundo são os softwares. No entanto, se o software domina o mundo, é a metodologia ágil que melhor possibilita o desenvolvimento desse software.

O Porquê da Metodologia Ágil
2

James Madison é considerado o pai da Constituição e da Declaração dos Direitos dos Cidadãos dos Estados Unidos.

Antes de nos aprofundarmos nas minúcias do desenvolvimento ágil, quero explicar o que está em jogo. O desenvolvimento ágil é importante, não somente para o desenvolvimento de software, mas para o nosso mercado, nossa sociedade e, em última instância, para nossa civilização.

Desenvolvedores e gerentes costumam se interessar pelo desenvolvimento ágil por motivos passageiros. Eles podem tentar usá-lo pois, na visão deles, de alguma forma, parece o certo a se fazer, ou talvez tenham caído nas promessas de velocidade e qualidade. Tais motivos são intangíveis, indistintos e bastante frustrantes. Muitas pessoas abriram mão do desenvolvimento ágil simplesmente porque não tiveram de imediato o resultado que esperavam, conforme o prometido.

Mas esses motivos efêmeros não representam o motivo pelo qual o desenvolvimento ágil é importante. O desenvolvimento ágil é importante por motivos éticos e filosóficos mais enraizados. Eles têm a ver com profissionalismo e expectativas razoáveis de nossos clientes.

PROFISSIONALISMO

De primeira, o que despertou meu interesse em relação à agilidade foi o comprometimento sólido com a disciplina, e não o ritual. Para colocar em prática a metodologia ágil adequadamente, você tinha que trabalhar em dupla, elaborar os testes primeiro, refatorar e se comprometer com designs simples. Era necessário trabalhar em ciclos curtos, produzindo resultados executáveis em cada um deles. Era necessário se comunicar com os negócios de forma regular e constante.

Retorne ao Ciclo de Vida e considere cada uma dessas práticas como uma *promessa,* um *comprometimento,* e verá do que estou falando. Para mim, o desenvolvimento ágil é um compromisso para o autoaperfeiçoamento — ser profissional e promover o comportamento profissional em toda a área de desenvolvimento de software.

Em nossa área, precisamos elevar e muito o nosso nível de profissionalismo, pois deixamos a desejar com certa frequência. Programamos um monte de porcaria; aceitamos muitos defeitos; fazemos escolhas terríveis. Muitas vezes, nos comportamos como adolescentes indisciplinados com um cartão de crédito novo. Em épocas mais simples, esses comportamentos eram toleráveis porque os riscos eram relativamente baixos. Nas décadas de 1970 e 1980, e mesmo nos anos 1990, o custo da falha do software, embora alto, era limitado e fácil de controlar.

O Software Está em Tudo Quanto É Lugar

Hoje, as coisas são diferentes.

Olhe à sua volta agora. Apenas sente-se onde quer que esteja e olhe em volta. Quantos computadores você vê?

Vou fazer esse exercício aqui. Neste momento, estou em minha cabana de verão, na floresta do norte de Wisconsin. Quantos computadores há aqui?

- 4: Estou escrevendo isso em um MacBook Pro de 4 núcleos. Eu sei, eles dizem 8, mas não conto os núcleos "virtuais". Também não estou considerando todos os processadores auxiliares dele.

- 1: Meu Apple Magic Mouse 2. Tenho certeza de que ele tem mais de um processador, mas contarei como um.

- 1: Meu iPad rodando o Duet como um segundo monitor. Sei que existem muitos outros pequenos processadores no iPad, mas contarei somente como um.

- 1: A chave do meu carro (!).

- 3: Meus Apple AirPods. Um para cada fone de ouvido e outro para o estojo. Provavelmente, tem mais coisas dentro...

- 1: Meu iPhone. Sim, é bem provável que o número real de processadores no iPhone passe de uma dúzia, mas vou contar um.

- 1: Detector de movimento ultrassônico. (Existem mais aqui na cabana, mas só vejo um.)

- 1: Termostato.

- 1: Painel de segurança.

- 1: TV de tela plana.

- 1: DVD.

- 1: Dispositivo de streaming Roku Internet TV.

- 1: Apple AirPort Express.

- 1: Apple TV.

- 5: Controles remotos.

- 1: Telefone. (Sim, um telefone mesmo.)

- 1: Lareira falsa. (Você precisa ver como ela é chique!)

- 2: Telescópio antigo controlado por computador, um Meade LX 200 EMC. Um processador no drive e outro na unidade de controle portátil.

- 1: Pen drive no meu bolso.

- 1: Caneta Apple.

Eu contei, no mínimo, trinta computadores na minha cabana. É bem provável que a quantidade real seja o dobro, visto que a maioria dos dispositivos eletrônicos tem vários processadores. Por ora, vamos ficar com trinta.

Quantos você contou? Aposto que a maioria de vocês chegou perto de trinta também. Na realidade, aposto que a maioria dos 1,3 bilhão de pessoas que vivem na sociedade ocidental estão constantemente próximas de uma dúzia de computadores. Isso é novidade. No início dos anos 1990, essa média seria quase zero.

O que cada um desses computadores próximos de nós tem em comum? Todos precisam ser programados. Todos precisam de software — software escrito por nós. E como você acha que é a qualidade desse software?

Em uma perspectiva diferente: quantas vezes por dia sua avó interage com um sistema de software? Para aqueles que ainda têm avós vivas, esse número passará da casa dos milhares, porque, na sociedade de hoje, você não consegue fazer nada sem interagir com um sistema de software. Você não consegue:

- Falar ao telefone.

- Comprar ou vender qualquer coisa.

- Usar o micro-ondas, a geladeira ou mesmo a torradeira.

- Lavar ou colocar suas roupas na secadora.

- Lavar a louça.

- Ouvir música.

- Dirigir um carro.

- Fazer uma reclamação para a seguradora.

- Aumentar a temperatura do ar-condicionado.

- Assistir à TV.

Mas a coisa é bem pior. Hoje em dia, em nossa sociedade, praticamente nada de significativo pode ser feito sem interagir com um sistema de software. Não se aprova, promulga ou executa nenhuma lei. Não se debate nenhuma política governamental. Não se pilota nenhum avião. Não se dirige nenhum carro. Não se lança nenhum míssil. Não se coloca nenhum navio na água. As estradas não podem ser pavimentadas, não se colhe nenhum alimento, as siderúrgicas não conseguem produzir aço, as fábricas de automóveis não conseguem produzir carros, as empresas alimentícias não conseguem produzir doces, não se negocia nenhuma ação no mercado de ações…

Não se faz nada em nossa sociedade sem um software. Todos os momentos em que estamos acordados são monitorados por algum software. Muitos deles monitoram até o nosso sono.

Nós Comandamos o Mundo

Nossa sociedade se tornou absoluta e completamente dependente de softwares. Os softwares são a força motriz que faz as engrenagens de nossa sociedade funcionarem. Sem eles, a civilização de que desfrutamos atualmente seria impossível.

E quem desenvolve os softwares? Você e eu. Nós, programadores, comandamos o mundo.

Outras pessoas acham que comandam o mundo, mas, em determinado momento, nos entregam as regras que fizeram, e *nós* escrevemos as verdadeiras regras que funcionam nas máquinas que monitoram e controlam praticamente todas as atividades da vida moderna.

Nós, programadores, comandamos o mundo.

E estamos deixando e muito a desejar a respeito disso.

Quantos desses softwares, que rodam em absolutamente tudo à nossa volta, você acha que foram testados de forma adequada? Quantos programadores podem afirmar que possuem um conjunto de testes que *comprova,* com um alto grau de certeza, que o software que escreveram funciona?

Os 100 milhões de linhas de código que rodam dentro do seu carro funcionam? Você encontrou algum bug nelas? Eu encontrei. E o código que controla os freios, o acelerador e a direção? Algum bug? Existe um conjunto de testes que pode ser executado a qualquer momento que *comprove* com um alto grau de certeza que, quando você pisa no pedal de freio, o carro realmente para?

Quantas pessoas morreram porque o software em seus carros falhou em detectar a pressão do pé do motorista no pedal do freio? Não sabemos ao certo, mas a resposta é: *muitas.* Em um caso de 2013, a Toyota pagou milhões em danos porque o software apresentava "possíveis bit flips, finalização de tarefas que desativaram os fail safes, corrupção de dados, ponto único de falha, proteções inadequadas contra stack overflow e buffer overflow, contenção de ponto de falha único [e] milhares de variáveis globais", todas dentro de um "código espaguete".[1]

Agora nossos softwares estão matando pessoas. Provavelmente, nem eu e nem você entramos nesse ramo para matar gente. Muitos de nós somos programadores porque, quando crianças, escrevemos um loop infinito que exibia nosso nome na tela, e achamos isso demais. No entanto, agora nossas ações estão colocando vidas e fortunas em risco. E, a cada dia que passa, mais e mais códigos põem em risco mais e mais vidas e fortunas.

---

1. Safety Research & Strategies Inc. 2013. Toyota unintended acceleration and the big bowl of "spaghetti" code [blog post]. 7 de novembro. Disponível em: http://www. safetyresearch.net/blog/ articles/toyota-unintended-acceleration-and-big-bowl- %E2%80%9Cspaghetti%E2%80%9D-code [conteúdo em inglês].

O Desastre

Chegará o dia, se ainda não tiver chegado no momento que você ler isso, em que algum programador que deixa a desejar fará alguma estupidez e matará dez mil pessoas em um único momento de descuido. Pare e pense um pouco. Não é difícil imaginar meia dúzia de cenários. E quando isso acontecer, os políticos do mundo se levantarão em justa indignação (como deveriam) e apontarão seus dedos diretamente para nós.

Talvez você até pense que esses dedos seriam apontados para nossos chefes ou para os executivos de nossas empresas, mas vimos o que aconteceu quando esses dedos apontaram para o CEO da Volkswagen, na América do Norte, quando ele testemunhou diante do Congresso. Os políticos lhe questionaram o porquê da Volkswagen ter colocado um software em seus carros que propositadamente detectava e fraudava o teste de emissões de gases usado na Califórnia. Ele respondeu: "Não foi uma decisão corporativa, do meu ponto de vista, e até onde eu sei. Por algum motivo, alguns engenheiros de software colocaram o programa nos carros."[2]

Ou seja, esses dedos apontarão para nós. É bom que seja assim. Porque foram nossos dedos nos teclados, a ausência de disciplina e nosso descuido que causaram o erro.

Com isso em mente eu mantive grandes expectativas em relação à agilidade. Desde então esperava, como espero hoje, que as disciplinas do desenvolvimento ágil de software fossem nosso primeiro passo para transformar a programação de computadores em uma profissão fidedigna e honrada.

Expectativas Razoáveis

A seguir, temos uma lista de expectativas perfeitamente razoáveis que gerentes, usuários e clientes têm de nós. Repare que, ao ler esta lista, um lado do seu cérebro concorda que cada item é perfeitamente razoável.

---

2. O'Kane, S. 2015. Volkswagen America's CEO blames software engineers for emissions cheating scandal. *The Verge*. 8 de outubro. Disponível em: https://www.theverge. com/2015/10/8/9481651/ volkswagen-congressional-hearing-diesel-scandal-fault.

Depois, repare que o outro lado, o lado programador, fica horrorizado. Talvez o lado programador do seu cérebro não consiga imaginar como atender a essas expectativas.

Atendê-las é um dos principais objetivos do desenvolvimento ágil. Os princípios e práticas ágeis atendem diretamente à maioria das expectativas desta lista. Os comportamentos listados a seguir são o que qualquer diretor de tecnologia (CTO) competente deve esperar de sua equipe. Na realidade, com o intuito de salientar esse ponto, quero que você pense em mim como seu CTO. Veja quais são minhas expectativas.

Nós Não Entregaremos Merda!

É lamentável que em nossa área essa expectativa ainda precise ser mencionada. Mas precisa. Tenho certeza, caros leitores, que muitos de vocês entraram em conflito com essa expectativa em mais de uma ocasião. Eu com certeza passei por isso.

Para compreender a gravidade desse problema, leve em consideração a paralisação da rede de controle de tráfego aéreo em Los Angeles devido a um efeito rollover de sistema com formatação de horas de 32 bits. Ou a paralisação de todos os geradores de energia a bordo do Boeing 787 pelo mesmo motivo. Ou as centenas de pessoas mortas pelo software 737 Max MCAS.

Ou a minha própria experiência com o início do healthcare.gov? Após o login inicial, como muitos sistemas hoje em dia, o site solicitava um conjunto de perguntas de segurança. Uma delas era "Uma data inesquecível". Entrei com a data 21/07/73, meu aniversário de casamento. O sistema respondeu com "Opção Inválida".

Sou programador. Sei como os programadores pensam. Tentei diversos formatos de data: 21/07/1973, 21-07-1973, 21 de julho de 1973, 21071973 etc. Todos davam o mesmo resultado: "Opção Inválida." Era frustrante. Que diabo de formato de data era aquele?

Foi então que me ocorreu: o programador que escreveu o código não sabia quais perguntas seriam feitas. Ele ou ela estava somente retirando as perguntas de um banco de dados e armazenando as respostas. É provável que o programador também tivesse desabilitado os caracteres e números especiais como respostas. Então, digitei: "Aniversário de Casamento", e a resposta foi aceita.

Acho justo dizer que qualquer sistema que exija que seus usuários pensem como programadores para inserir os dados no formato esperado é uma bela de uma porcaria.

Eu até poderia mencionar piadas com softwares medíocres como esse. No entanto, outros fizeram isso melhor do que eu. Caso queira ter uma noção melhor a respeito, leia o livro *Humans vs. Computers*,[3] de Gojko Adzic, e *Humble Pi*,[4] de Matt Parke.

É perfeitamente razoável que nossos gerentes, clientes e usuários esperem que lhe forneçamos sistemas com alta qualidade e poucos defeitos. Ninguém espera receber uma porcaria — sobretudo quando estão pagando uma boa grana por isso.

Observe que a ênfase da metodologia ágil em Testes, Refatoração, Design Simples e feedback do cliente é o remédio óbvio para códigos ruins.

DISPONIBILIDADE TÉCNICA CONTÍNUA

A última coisa que os clientes e gerentes esperam é que nós, programadores, atrasemos propositalmente as entregas do sistema. Porém, esses atrasos são comuns em equipes de software. Geralmente, o motivo reside na tentativa de criar todas as funcionalidades de forma simultânea, em vez de desenvolver primeiro aquelas mais importantes. Enquanto houver funcionalidades que tenham sido concluídas, testadas e documentadas pela metade, não se pode implementar o sistema.

Outra fonte dos atrasos é a noção de estabilização. As equipes frequentemente reservam um período de testes contínuos durante o qual observam o sistema com o intuito de detectar as falhas. Se nenhuma falha for detectada após X dias, os desenvolvedores se sentirão seguros em recomendar o sistema para a implementação.

---

3. Adzic, G. 2017. *Humans vs. Computers*. Londres: Neuri Consulting LLP. Disponível em: http://humansvscomputers.com [conteúdo em inglês].

4. Parker, M. 2019. *Humble Pi: A comedy of maths errors*. Londres: Penguin Random House UK. Disponível em: https://mathsgear.co.uk/products/humble-pi-a-comedy-of-maths-errors [conteúdo em inglês].

A agilidade resolve esses problemas com a simples regra de que o sistema deve ser *tecnicamente* implementável ao final de cada iteração. Tecnicamente implementável significa que, do ponto de vista dos desenvolvedores, o sistema é, do ponto de vista técnico, robusto o bastante para ser implementado. O código está limpo e passou em todos os testes.

Isso quer dizer que o trabalho concluído na iteração engloba a programação como um todo, todos os testes, toda a documentação e a estabilidade como um todo no que diz respeito às histórias implementadas nesta iteração.

Caso o sistema esteja *tecnicamente* pronto para a implementação ao final de cada iteração, essa implementação é uma *decisão de negócios,* não uma decisão técnica. A empresa pode decidir que não há funcionalidades suficientes para implementar ou pode postergar a implementação por razões de mercado ou de treinamento. De um jeito ou de outro, a qualidade do sistema atende aos requisitos *técnicos* para implementação.

Existe a possibilidade de o sistema ser tecnicamente implementável em uma semana ou duas? Claro que sim. A equipe precisa apenas escolher um lote de histórias pequeno o bastante e que possibilite que todas as tarefas de preparação da implementação sejam concluídas antes do final da iteração. É melhor automatizarem também grande parte dos testes.

Da perspectiva dos negócios e dos clientes, simplesmente se espera a disponibilidade técnica contínua. Quando a empresa vê uma funcionalidade, espera-se que ela esteja concluída. Eles não querem saber que precisam esperar um mês para que ela se estabilize na base de QA. Eles não esperam que ela funcione somente porque os programadores que conduzem a demonstração ignoraram todas as partes que não funcionam.

PRODUTIVIDADE ESTÁVEL

Você deve ter percebido que as equipes de programação em geral conseguem avançar rapidamente nos primeiros meses de um projeto novo. Quando não há base de código existente para atrasá-la, é possível programar bastante trabalhando em um curto período de tempo.

EXPECTATIVAS RAZOÁVEIS

Infelizmente, com o passar do tempo, as desordens no código podem se acumular. Se o código não estiver sempre limpo e ordenado, a equipe será pressionada e isso atrasará as coisas. Quanto mais a equipe se atrasar, maior a pressão do cronograma e maior o incentivo para as desordens ainda maiores no código. Esse ciclo de feedback positivo pode levar uma equipe à beira da paralisação.

Os gerentes, perplexos com essa desaceleração, podem finalmente decidir acrescentar recursos humanos à equipe com o objetivo de aumentar a produtividade. Mas, conforme vimos no capítulo anterior, esse acréscimo de pessoal retarda a velocidade da equipe por algumas semanas.

A esperança é que, depois dessas semanas, o pessoal novo acompanhe e ajude a aumentar a velocidade. No entanto, quem está treinando esse pessoal? As pessoas que fizeram a desordem em primeiro lugar. Os novatos certamente imitarão esse comportamento instituído.

E, pior, o código existente é um treinador ainda mais influente. O pessoal novo analisará o código antigo, presumirá como as coisas são feitas nessa equipe e persistirá com a prática da desordem. Desse modo, a produtividade continua a ir ladeira abaixo, a despeito da adição de pessoas.

A gerência pode tentar fazer isso algumas vezes, porque repetir a mesma coisa e esperar resultados diferentes é a definição de sanidade administrativa em algumas organizações. No final, no entanto, a verdade vem à tona. Absolutamente nada do que os gerentes façam retardará a inexorável descida ladeira abaixo rumo à paralisação.

Desesperados, os gerentes perguntam aos desenvolvedores o que pode ser feito para aumentar a produtividade. E os desenvolvedores têm uma resposta. Eles já sabem há um bom tempo o que precisa ser feito; estavam somente esperando a pergunta.

"Refazer o design do sistema, do zero", respondem eles.

Imagine os gerentes horrorizados. Imagine o dinheiro e o tempo investidos até agora nesse sistema. E agora os desenvolvedores estão recomendando que tudo seja descartado e reprojetado do zero!

Esses gerentes acreditam nos desenvolvedores quando eles prometem que "Desta vez, as coisas serão diferentes"? Claro que não. Eles teriam que ser estúpidos para acreditar nisso. No entanto, que escolha têm? A produtividade está comprometida. O negócio não é sustentável nesse ritmo. Sendo assim, depois de muitos gemidos e ranger de dentes, eles concordam em refazer o design.

Os desenvolvedores ficam bastante animados. "Aleluia! Vamos reprojetar do zero, a vida é bela e o código é limpo!" Obviamente, não é isso que acontece. O que realmente acontece é a equipe ser dividida em duas. Os dez melhores, A Equipe dos Feras — os caras que fizeram a desordem em primeiro lugar — são escolhidos e vão para uma nova sala. Eles conduzirão o resto da equipe à mítica Eldorado com um sistema reprojetado. O resto de nós odeia esses caras, porque agora ficaremos presos à manutenção da velha porcaria.

Mas, de onde a Equipe dos Feras tira os requisitos? Existe um documento de requisitos atualizados? Sim. É o código antigo. Ele é o único documento que descreve com precisão o que o sistema reprojetado deve fazer.

Assim, agora a Equipe dos Feras está debruçada sobre o código antigo, tentando descobrir exatamente o que ele faz e o que o design novo deve fazer. Nesse ínterim, o resto de nós está alterando esse código antigo, corrigindo bugs e adicionando as funcionalidades novas.

Logo, estamos em uma corrida contra o tempo. A Equipe dos Feras está tentando acertar um alvo em movimento. E, como mostrou Zenão na parábola de Aquiles e da tartaruga, tentar alcançar um alvo em movimento pode ser um desafio. Sempre que a Equipe dos Feras chega onde estava o sistema antigo, ele assume uma nova posição.

Exige-se cálculo para provar que Aquiles acabará ultrapassando a tartaruga. No entanto, quando se trata de software, ele nem sempre funciona. Trabalhei em uma empresa em que, dez anos depois, o sistema novo ainda não havia sido implementado. Oito anos antes, prometeu-se aos clientes um sistema novo. Porém, ele nunca tinha as funcionalidades suficientes para esses clientes; o sistema antigo sempre fazia mais do que o novo. Portanto, os clientes se recusaram a adotar o sistema novo.

Depois de alguns anos, eles simplesmente ignoraram a promessa de um novo sistema. Do ponto de vista deles, esse sistema não existe e nunca existiria.

Enquanto isso, a empresa estava bancando duas equipes de desenvolvimento: a Equipe dos Feras e a equipe de sustentação. Chegou um momento em que a gerência ficou tão frustrada que disse aos clientes estar implementando o sistema novo, apesar de suas objeções. Os clientes ficaram enraivecidos com isso, mas não era nada comparado à fúria dos desenvolvedores da Equipe dos Feras — ou, digamos, o que sobrou da Equipe dos Feras. Todos os desenvolvedores originais foram promovidos e assumiram cargos de gerência. Os membros atuais da equipe se levantaram e disseram em uníssono: "Vocês não podem entregar isso, está uma merda. O sistema precisa de um redesign."

Certo, eu entendi, é só outra história exagerada contada pelo Uncle Bob. A história é baseada em fatos reais, eu só a enriqueci um pouco para causar impacto. Ainda assim, a mensagem implícita é totalmente verdadeira. Redesigns grandes são muito caros e é raro serem implementados.

Os clientes e gerentes não esperam que as equipes de software desacelerem com o tempo. Ao contrário, esperam que uma funcionalidade semelhante à que demorou duas semanas para ser feita, no início do projeto, demore também o mesmo tempo um ano depois. Eles esperam que a produtividade se estabilize com o passar do tempo.

Os desenvolvedores não devem esperar menos. Ao realizar a manutenção contínua da arquitetura, manter o design e o código o mais limpo possível, eles podem assegurar a alta produtividade e dificultar a inevitável espiral de baixa produtividade e redesign.

Conforme mostraremos, as práticas ágeis de Teste, Programação em Dupla, Refatoração e Design Simples são as chaves técnicas para romper essa espiral. E o Planejamento do Jogo é o remédio contra a pressão do cronograma que leva a ela.

Adaptabilidade Econômica

Software é uma palavra composta. A palavra "ware" significa "mercadoria, produto". A palavra "soft" designa a fácil mudança. Portanto, o software é um produto fácil de mudar. Ele foi inventado porque queríamos uma forma rápida e fácil de alterar o comportamento de nossas máquinas. Se quiséssemos que esse comportamento fosse difícil de alterar, o chamaríamos de hardware.

Desenvolvedores costumam reclamar das mudanças nos requisitos. Sempre ouvi declarações como: "Essa mudança contradiz totalmente nossa arquitetura." Tenho uma notícia, caro desenvolvedor. Se uma mudança nos requisitos quebrar sua arquitetura, sua arquitetura não presta.

Nós, desenvolvedores, devemos comemorar a mudança, pois é justamente por isso que estamos aqui. As mudanças de requisitos fazem parte de todo o jogo. Elas justificam nossas carreiras e nossos salários. Nosso trabalho depende de nossa capacidade de aceitar e arquitetar essas mudanças e fazer com que elas sejam relativamente econômicas.

Quando é difícil realizar uma mudança no software de uma equipe, essa equipe entra em contradição com a própria razão de existência desse software. Clientes, usuários e gerentes esperam que os sistemas de software sejam de fácil mudança e que o custo dela seja pequeno e proporcional.

Mostraremos como as práticas ágeis de TDD, Refatoração e Design Simples funcionam juntas a fim de garantir que os sistemas de software possam ser alterados com segurança e o mínimo de esforço.

Melhoria Contínua

Os seres humanos melhoram as coisas com o tempo. Pintores melhoram suas pinturas, compositores melhoram suas composições e os moradores melhoram suas casas. O mesmo é válido para o software. Quanto mais antigo for o seu sistema, *melhor* ele deve ser.

O design e a arquitetura de um sistema de software devem melhorar com o tempo. A estrutura do código deve melhorar, assim como a eficiência e a taxa de transferência do sistema. Não é óbvio? Não é isso que você esperaria de qualquer grupo de humanos trabalhando em seja lá o que for?

Essa é a maior acusação pública relacionada ao setor de software, a evidência mais óbvia de nosso fracasso como profissionais: nós pioramos as coisas com o passar do tempo. O fato de que nós, desenvolvedores, esperamos que nossos sistemas fiquem cada vez mais desordenados, redundantes, quebrados e vulneráveis com o passar do tempo talvez seja a postura mais irresponsável possível.

Os usuários, clientes e gerentes esperam a melhoria contínua e regular. Eles esperam que os problemas iniciais desapareçam e que o sistema melhore cada vez mais com o tempo. As práticas ágeis de Programação em Dupla, TDD, Refatoração e Design Simples são extremamente compatíveis com essa expectativa.

COMPETÊNCIA DESTEMIDA

Por que a maioria dos sistemas de software não melhora com o tempo? Por medo. Especificamente, pelo medo da mudança.

Imagine que você esteja analisando algum código antigo em sua máquina. De primeira, você pensa: "Que código feio, devo limpá-lo." Em seguida, pensa: "Não, nem vou pôr a mão nisso!" Porque você sabe que, se colocar a mão no código, vai quebrá-lo; e se quebrá-lo, ele passará a ser seu. Então, você se nega a fazer a única coisa que pode melhorar o código: limpá-lo.

É uma reação medrosa. Você tem medo do código, e esse medo o obriga a assumir uma postura incompetente. Você é incompetente para realizar a limpeza necessária do código porque tem medo do resultado. Permitiu que esse código, escrito por você, saísse tanto do controle que tem medo de pôr a mão nele para melhorá-lo. Isso é uma irresponsabilidade sem tamanho.

Clientes, usuários e gerentes esperam a *competência destemida*. Eles esperam que, se vir algo errado ou sujo, você o conserte e limpe. Eles não esperam que você permita que os problemas corrompam as coisas e assumam proporções maiores, mas que fique atento ao código, mantendo-o o mais limpo e legível possível.

Logo, como perder esse medo? Imagine que você tenha um botão que controle duas lâmpadas: uma vermelha e outra verde. Imagine que, quando pressiona esse botão, a lâmpada verde acende se o sistema funcionar e a vermelha acende se o sistema tiver falhas. Imagine que apertar esse botão e obter o resultado leve somente alguns segundos. Quantas vezes apertaria o botão? Você nunca pararia de apertá-lo; o pressionaria o tempo todo. Sempre que realizasse alguma alteração no código, pressionaria esse botão a fim de assegurar que não há nada quebrado.

Agora, imagine que esteja vendo algum código feio em sua máquina. Você logo pensa: "Eu deveria limpar isso", e simplesmente começa a limpá-lo, apertando o botão após cada pequena alteração a fim de garantir que não quebrou nada.

O medo foi embora. Você consegue limpar o código usando as práticas ágeis de Refatoração, Programação em Dupla e Design Simples com o objetivo de melhorar o sistema.

Mas, onde conseguir um botão desses? A prática ágil do TDD lhe fornece esse botão. Se seguir essa prática com disciplina e determinação, terá em mãos esse botão e será competente de forma destemida.

A QA Não Deve Encontrar Nada

A QA não deve encontrar falhas no sistema. Ao executar os testes em QA, tudo deve funcionar conforme o necessário. Sempre que algum problema for detectado, a equipe de desenvolvimento deve descobrir o que saiu errado no processo e corrigi-lo para que, da próxima vez, nada seja encontrado nessa etapa.

A QA deve se perguntar por que eles estão empacados no back-end dos processos de sistemas de verificação que sempre funcionam. E, como veremos, existe um lugar muito melhor para situar a QA.

As práticas ágeis de Testes de Aceitação, TDD e Integração Contínua são compatíveis com essa expectativa.

Automação de Testes

As mãos que você vê na Figura 2.1 são de um gerente de QA. O documento que ele está segurando é *o sumário* para o plano de teste *manual*. Ele enumera 80 mil testes manuais que devem ser executados a cada seis meses por um exército de testadores na Índia. A execução desses testes custa mais de US$1 milhão.

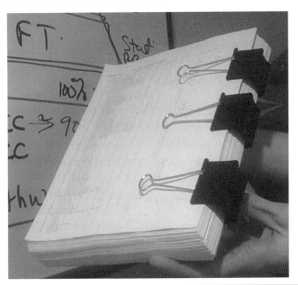

Figura 2.1 Sumário para o plano de teste manual

O gerente de QA está segurando esse documento porque acabou de voltar do escritório de seu chefe. E seu chefe acabou de voltar do escritório do CFO. O ano é 2008: a grande recessão começou e o CFO cortou o orçamento de US$1 milhão pela metade para os próximos seis meses. O gerente de QA me entregou este documento e me perguntou qual metade desses testes não seria executada.

Eu lhe disse que não importava como os testes seriam realizados, ele não saberia se metade do seu sistema estaria funcionando.

Esse é o resultado inexorável do teste manual. Os testes manuais sempre são eliminados. O que você acabou de ver foi o primeiro e mais óbvio procedimento para eliminá-los: os testes manuais são *caros* e, portanto, sempre estão na mira do corte de orçamento.

Contudo, existe um procedimento mais insidioso para eliminar esses testes. Raramente os desenvolvedores entregam a QA no prazo. Isso significa que a QA tem menos tempo do que o planejado para executar os testes necessários. Assim, o pessoal da QA deve *escolher* quais consideram mais adequados para executar devido ao prazo de entrega. E, portanto, alguns testes não são executados; eles são eliminados.

E, além disso, os humanos não são máquinas. Pedir para que nós, seres humanos, façamos o que as máquinas conseguem fazer é caro, ineficiente e *imoral*. Existe um emprego muito melhor para a QA — uma atividade que usa sua criatividade e imaginação humanas. Mas falaremos disso depois.

Os clientes e os usuários esperam que cada nova versão seja minuciosamente testada. Ninguém espera que a equipe de desenvolvimento ignore os testes somente porque ficou sem tempo ou dinheiro. Logo, qualquer teste que possa ser automatizado de maneira viável deve ser automatizado. O teste manual deve se limitar ao que não pode ser validado automaticamente e à disciplina criativa do Teste Exploratório.[5]

As práticas ágeis de TDD, Integração Contínua e Testes de Aceitação são compatíveis com essa expectativa.

Um Ajuda o Outro

Como CTO, espero que as equipes de desenvolvimento se comportem como equipes. De que forma as equipes se comportam? Imagine um time de pessoas jogando bola de um lado para o outro em um campo. Um dos jogadores tropeça e cai. O que os outros fazem? Eles assumem a retaguarda da posição deixada em aberto pelo membro do time caído *e continuam jogando a bola pelo campo.*

A bordo de um navio, todo mundo desempenha uma função. Todo mundo também sabe como fazer o trabalho de outra pessoa. Porque a bordo do navio, todas as tarefas devem ser concluídas.

---

5. Agile Alliance. Exploratory testing [Teste Exploratório]. Disponível em: https://www.agilealliance.org/glossary/exploratory-testing [conteúdo em inglês].

Em uma equipe de software, se Bob ficar doente, Jill intervém para finalizar as tarefas de Bob. Isso significa que Jill sabia muito bem em que Bob estava trabalhando e onde ele armazena todos os códigos-fonte, scripts etc.

Espero que os membros de cada equipe de software ajudem uns aos outros. Espero que todos os membros de uma equipe de software tenham certeza de que alguém consiga assumir a sua retaguarda caso eles tropecem e caiam. É *sua* responsabilidade garantir que um ou mais colegas de equipe lhe deem cobertura.

Se Bob é o cara do banco de dados e fica de cama, não espero que o progresso do projeto seja paralisado. Outra pessoa, ainda que não seja "o cara do banco de dados", deve assumir a tarefa. Não espero que a equipe restrinja o conhecimento em silos; espero que o conhecimento seja compartilhado. Caso eu precise reatribuir metade dos membros da equipe para um novo projeto, não espero que metade do conhecimento simplesmente desapareça.

As práticas ágeis de Programação em Dupla, a Equipe como um Todo e Propriedade Coletiva atendem essas expectativas.

ESTIMATIVAS REALISTAS

Espero estimativas, e que sejam realistas. A estimativa mais honesta é "não sei". No entanto, essa estimativa não é lá muito completa. Você pode não saber de tudo, mas existem algumas coisas que sabe. Espero que forneça estimativas com base no que sabe *e no que não sabe*.

Por exemplo, talvez você não saiba quanto tempo alguma coisa demorará, mas, em termos relativos, pode comparar uma tarefa com outra. Talvez não saiba quanto tempo levará para criar a página de *Login*, mas possa me dizer que a página *Alterar Senha* levará cerca de metade do tempo da página de *Login*. Estimativas relativas como essa são bastante valiosas, conforme veremos no próximo capítulo.

Ou, em vez de estimar em termos relativos, você pode fornecer uma gama de probabilidades. Por exemplo, você pode me dizer que a página de *Login* levará de cinco a quinze dias para ser concluída, com um estimativa média de conclusão de doze dias. Essas estimativas combinam o que você sabe e o que *não sabe* em uma probabilidade honesta para os gerentes administrarem.

As práticas ágeis, o Planejamento do Jogo e a Equipe como um Todo atendem essas expectativas.

Você Precisa Dizer "Não"

Embora seja importante se empenhar a fim de encontrar soluções para os problemas, espero que diga "não" quando nenhuma solução puder ser encontrada. Você precisa perceber que foi contratado mais por sua habilidade de dizer "não" do que por sua habilidade programar. Vocês, programadores, são as pessoas que sabem se algo é possível ou não. Como seu CTO, estou contando com você para nos informar quando estivermos à beira do abismo. Espero que, não importa quanta pressão exista em relação ao cronograma, não importa quantos gerentes exijam resultados, você diga "não" quando a resposta realmente for "não".

A prática ágil da Equipe como um Todo é compatível com essa expectativa.

Aprendizagem Determinante Contínua

Como CTO, espero que você continue aprendendo. Nossa área muda o tempo todo, então devemos ser capazes de mudar também. Aprenda, aprenda, aprenda! Às vezes, a empresa pode se dar ao luxo de enviá-lo para participar de cursos e conferências. Às vezes, a empresa pode bancar livros e vídeos de treinamento. Se não for o caso, você deve encontrar formas de continuar aprendendo sem a ajuda dela.

A prática ágil da Equipe como um Todo é compatível com essa expectativa.

Mentoria

Como CTO, espero que você ensine. Na realidade, a melhor forma de aprender é ensinar. Portanto, quando pessoas novas se juntarem à equipe, ensine-as. Aprendam a ensinar uns aos outros.

Mais uma vez, a prática ágil da Equipe como um Todo é compatível com essa expectativa.

Declaração de Direitos

Durante a reunião do Snowbird, Kent Beck disse que o objetivo da agilidade era restaurar a divisão entre negócios e desenvolvimento. Para tal, a seguinte declaração de direitos foi elaborada por Kent, Ward Cunningham e Ron Jeffries, dentre outros.

Repare, ao ler esse texto, que os direitos do cliente e os direitos do desenvolvedor se complementam. Eles se encaixam perfeitamente; estabelecem um equilíbrio de expectativas entre os dois grupos.

Declaração de Direitos do Cliente

A declaração de direitos do cliente inclui:

- Você tem direito a um planejamento geral e de saber o que pode ser realizado, quando e a que preço.

- Você tem o direito de agregar o máximo de valor possível a cada iteração.

- Você tem o direito de ver o progresso da implementação de um sistema que comprovadamente funcione por meio de testes reproduzíveis determinados por você.

- Você tem o direito de mudar de ideia, substituir a funcionalidade e alterar as prioridades sem pagar custos exorbitantes.

- Você tem o direito de ser informado sobre mudanças no cronograma e estimativa a tempo de escolher como reduzir o escopo a fim de cumprir uma data exigida. Você pode cancelar as coisas a qualquer momento e ficar com um sistema funcional útil que reflita o investimento até aquela data.

Declaração de Direitos do Desenvolvedor

A declaração de direitos do desenvolvedor inclui:

- Você tem o direito de saber o que é necessário por meio de declarações de prioridade transparentes.

- Você tem o direito de desenvolver trabalhos da mais alta qualidade o tempo todo.

- Você tem o direito de solicitar e receber ajuda de colegas, gerentes e clientes.

- Você tem o direito de efetuar e atualizar suas próprias estimativas.

- Você tem o direito de aceitar suas responsabilidades em vez de ter alguém que lhes atribua.

Essas afirmações são extremamente poderosas. Devemos considerá-las uma por vez.

Clientes

Nesse contexto, a palavra "cliente" se refere às pessoas de negócio em geral. Isso abarca os verdadeiros clientes, gerentes, executivos, líderes de projetos e qualquer outra pessoa que possa assumir a responsabilidade pelo cronograma e pelo orçamento, ou que pagará e se beneficiará da implementação do sistema.

> *Os clientes têm direito a um planejamento geral e de saber o que pode ser realizado, quando e a que preço.*

Muitas pessoas alegam que o planejamento inicial não faz parte do desenvolvimento ágil. O primeiro direito do cliente contradiz essa alegação. É óbvio que a empresa precisa de um planejamento. É claro que esse planejamento deve englobar cronograma e o custo. E, certamente, deve ser o mais preciso possível.

Regularmente temos problemas com esse último parágrafo, pois o único modo de sermos exatos e precisos é de fato desenvolvendo o projeto. Ser exato e preciso fazendo alguma coisa menos que isso é impossível. Portanto, o que nós desenvolvedores devemos fazer para assegurar esse direito é garantir que nossos planejamentos, estimativas e cronogramas

DECLARAÇÃO DE DIREITOS

descrevam de forma adequada o nível de nossa incerteza e definam os meios pelos quais essa incerteza pode ser mitigada.

Em suma, não podemos concordar em fornecer escopos inertes em datas difíceis. Esses dois aspectos devem ser flexíveis. Representamos essa flexibilidade por meio de uma curva de probabilidade. Por exemplo, estimamos que exista uma probabilidade de 95% de que possamos obter as dez primeiras histórias até o prazo, uma chance de 50% de conseguirmos as próximas cinco até o prazo e uma probabilidade de 5% de que as próximas cinco sejam concluídas até o prazo.

Os clientes têm direito a esse tipo de planejamento com base em probabilidade pois não podem gerenciar seus negócios sem ele.

> *Os clientes têm o direito de agregar o máximo de valor possível em cada iteração.*

A metodologia ágil divide o trabalho de desenvolvimento em *time boxes* chamadas *iterações*. O negócio tem o direito de esperar que os desenvolvedores trabalhem nas funcionalidades mais importantes em determinado tempo e que cada iteração lhes proporcione o máximo possível do valor *utilizável* do negócio. Essa prioridade de valor é especificada pelo cliente durante as sessões de planejamento no início de cada iteração. Os clientes escolhem as histórias que oferecem o maior retorno sobre o investimento e que podem se adequar na estimativa do desenvolvedor em relação à iteração.

> *Os clientes têm o direito de ver o progresso da implementação de um sistema que comprovadamente funcione por meio de testes reproduzíveis que eles determinarem.*

Isso parece óbvio quando você pensa a partir do ponto de vista do cliente. É claro que eles têm o direito de ver um progresso incremental, de especificar os critérios para aceitar esse progresso e de ver rápida e repetidamente a comprovação de que seus critérios de aceitação foram atendidos.

> *Os clientes têm o direito de mudar de ideia, substituir uma funcionalidade e alterar as prioridades sem pagar custos exorbitantes.*

Afinal de contas, isso é um *software*. O objetivo primordial dele é conseguir alterar facilmente o comportamento de nossas máquinas.

Em primeiro lugar, a facilidade é a razão pela qual o software foi inventado. Assim sendo, é claro que os clientes têm o direito de mudar os requisitos.

Os clientes têm o direito de serem informados sobre mudanças de cronograma e estimativa, a tempo de escolher como reduzir o escopo a fim de cumprir uma data exigida.

Os clientes podem cancelar as coisas a qualquer momento e ficar com um sistema funcional útil que reflita o investimento até o momento.

Note que os clientes não têm o direito de exigir conformidade em relação ao cronograma. O direito dos clientes se limita ao gerenciamento do cronograma no que diz respeito à mudança do escopo. A coisa fundamental que esse direito concede é *saber* que o cronograma está em risco, de modo que possa ser gerenciado em tempo hábil.

DESENVOLVEDORES

Nesse contexto, os desenvolvedores são as pessoas que trabalham no desenvolvimento do código. Isso engloba programadores, QA, testadores e analistas de negócios.

Os desenvolvedores têm o direito de saber o que é necessário por meio de declarações de prioridade assertivas.

Mais uma vez, o foco está no *conhecimento*. Os desenvolvedores têm direito a requisitos precisos e a saber a importância deles. Indiscutivelmente, a mesma restrição que reside na *praticidade* vale para requisitos e para estimativas. Nem sempre é possível ter requisitos impecáveis. E, na realidade, os clientes têm o direito de mudar de ideia.

Assim, esse direito se aplica somente *dentro do contexto de uma iteração.* Fora dela, os requisitos e as prioridades serão alterados. Mas, dentro de uma iteração, os desenvolvedores têm o direito de considerá-los imutáveis. No entanto, lembre-se sempre de que os desenvolvedores podem escolher abrir mão desse direito se considerarem a solicitação de uma mudança irrelevante.

Os desenvolvedores têm o direito de desenvolver trabalhos da mais alta qualidade o tempo todo.

Talvez esse seja o direito mais sério de todos. Os desenvolvedores têm o direito de fazer um bom trabalho. A empresa não tem o direito de exigir que os desenvolvedores reduzam custos ou realizem um trabalho de baixa qualidade. Ou, dito de outro modo, ela não tem o direito de obrigar os desenvolvedores a arruinar sua reputação ou violar sua ética profissional.

Os desenvolvedores têm o direito de solicitar e receber ajuda de colegas, gerentes e clientes.

Essa ajuda vem de diversas formas. Os programadores podem pedir ajuda uns aos outros a fim de solucionar um problema, analisar um resultado ou aprender um framework, dentre outras coisas. Os desenvolvedores podem pedir aos clientes para explicar melhor os requisitos ou refinar as prioridades. Basicamente, essa declaração concede aos programadores o direito de *se comunicar*. E, com esse direito de pedir ajuda, vem a responsabilidade de fornecer ajuda quando solicitado.

Os desenvolvedores têm o direito de efetuar e atualizar suas próprias estimativas.

Ninguém pode estimar uma tarefa para você. E se você estimar uma tarefa, sempre poderá modificar sua estimativa quando novos fatores vierem à tona. Estimativas são suposições; inteligentes, sem dúvidas, mas ainda são suposições. São suposições que melhoram com o tempo. As estimativas nunca são compromissos.

Os desenvolvedores têm o direito de aceitar suas responsabilidades em vez de ter alguém que lhes atribua.

Os profissionais *aceitam* um trabalho, não são atribuídos a um. Um desenvolvedor profissional tem todo o direito de dizer "não" a um determinado trabalho ou tarefa. Talvez ele não tenha confiança em sua capacidade de concluir a tarefa ou talvez acredite que ela seja mais adequada para outra pessoa. Ou talvez o desenvolvedor rejeite as tarefas por razões pessoais ou morais.[6]

---

6. Pense nos desenvolvedores da Volkswagen que "aceitaram" as tarefas de fraudar as plataformas de teste da EPA na Califórnia: https://en.wikipedia.org/wiki/Volkswagen_emissions_scandal. [conteúdo em inglês].

Seja como for, o direito de aceitar tem um custo. Aceitação implica responsabilidade. O desenvolvedor que aceita se torna responsável pela qualidade e execução da tarefa, por atualizar regularmente a estimativa para que o cronograma possa ser gerenciado, por comunicar o status a toda a equipe e por pedir ajuda quando necessário.

Programar em equipe envolve trabalhar com profissionais juniores e seniores. A equipe tem o direito de decidir colaborativamente quem fará o quê. Um líder técnico pode solicitar que um desenvolvedor execute uma tarefa, mas não tem o direito de obrigar alguém a fazê-la.

CONCLUSÃO

O ágil é um framework de disciplinas que sustenta o desenvolvimento profissional de software. Aqueles que reconhecem essas disciplinas aceitam e estão em conformidade com as expectativas razoáveis de gerentes, das partes interessadas e dos clientes. Eles também desfrutam e adotam os direitos que a agilidade confere aos desenvolvedores e clientes. Essa aceitação e prerrogativa recíprocas de direitos e expectativas — o reconhecimento dessas disciplinas — é a base de uma padrão *ético* para software.

A metodologia ágil não é um processo, não é modismo e não é somente um conjunto de regras. Pelo contrário, a agilidade é um conjunto de direitos, expectativas e disciplinas do tipo que alicerça a base de uma profissão ética.

PRÁTICAS DE NEGÓCIOS
3

CAPÍTULO 3 PRÁTICAS DE NEGÓCIOS

Existe um conjunto de práticas orientadas aos negócios que o desenvolvimento deve seguir para dar resultado. Elas englobam Planejamento, Pequenas Versões, Testes de Aceitação e Equipe como um Todo.

PLANEJAMENTO

Como estimar um projeto? A resposta simples é dividi-lo em partes constitutivas e depois estimá-las. Essa é uma abordagem ótima; mas e se as partes em si forem grandes demais para serem estimadas com precisão? Você simplesmente divide essas partes em pedaços menores e as estima. Tenho certeza de que todos podem sentir o cheiro da recursividade (analisadores sintáticos recursivos).

Até que ponto é possível executar esse procedimento? Até as linhas de código individuais. Na prática, é isso que os programadores fazem. Um programador é o cara habilidoso em dividir uma tarefa em linhas de código individuais.

Caso deseje uma estimativa exata e precise de um projeto, divida-o em linhas de código individuais. O tempo que você leva para fazer isso fornecerá um cálculo *muito* exato e preciso de quanto tempo leva para desenvolver o projeto — porque você o elaborou.

Claro que isso ignora o sentido em si de uma *estimativa*. Uma estimativa é um palpite; queremos ter uma noção de quanto tempo o projeto levará sem realmente *desenvolver* o projeto. Queremos que o custo da estimativa seja baixo. Portanto, uma estimativa é, por definição, *imprecisa*. A imprecisão nos possibilita reduzir o tempo necessário para criar a estimativa. Quanto mais imprecisão, menos tempo a estimativa levará.

Isso não significa que uma estimativa deva ser *imprecisa*. As estimativas devem ser tão precisas quanto possível, porém somente precisas o bastante para manter seu custo baixo. Talvez um exemplo ajude: estimo o momento da minha morte em algum dia nos próximos mil anos. Isso é totalmente preciso, e ao mesmo tempo, bastante impreciso. Não levei praticamente tempo algum para criar essa estimativa precisa, porque a imprecisão era muito grande. A imprecisão de uma estimativa precisa representa um intervalo de tempo dentro do qual o evento estimado quase certamente ocorrerá.

O segredo, para desenvolvedores de software, é dedicar pouco tempo escolhendo o menor intervalo que se mantém preciso.

Estimativa de Três Pontos

Uma técnica que funciona muito bem para tarefas grandes é a *estimativa de três pontos*. Essas estimativas são compostas de três valores: *o melhor cenário, o cenário mais provável* e *o pior cenário*. Esses valores são estimativas baseadas na *confiança*. O valor do *pior cenário* é a quantidade de tempo que você se sente 95% confiante de que a tarefa será concluída. O *cenário mais provável* representa somente 50% de confiança, e o *melhor cenário,* apenas 5%.

Por exemplo, tenho 95% de certeza de que a tarefa será concluída em três semanas. Tenho apenas 50% de certeza de que será concluída em duas semanas. E tenho somente 5% de certeza de que será concluída em uma semana.

Outra forma de pensar sobre isso é que, dadas 100 tarefas semelhantes, 5 serão realizadas em uma semana, 50 serão realizadas em duas semanas e 95 em três semanas.

Existe um método matemático que envolve o gerenciamento das estimativas de três pontos. Caso se interesse, pesquise sobre a Avaliação do Programa e Técnica de Revisão (PERT).[1] É um método poderoso para gerenciar projetos grandes e portfólios de projetos. E se você não estudou essa técnica, não pense que já a conhece. Existem muito mais coisas na PERT do que nos diagramas do Microsoft Project, com os quais você pode estar familiarizado.

Ainda que a análise de estimativa de três pontos seja poderosa no que diz respeito a estimativas de longo prazo de um projeto inteiro, ela é imprecisa demais para o gerenciamento diário de que precisamos *dentro* de um projeto. Para isso, usamos outra abordagem: *pontos de história*.

Histórias e Pontos

A técnica de pontos de história manipula a exatidão e a precisão utilizando um loop de feedback muito rígido que iterativamente ajusta

---

1. https://en.wikipedia.org/wiki/Program_evaluation_and_review_technique [conteúdo em inglês]

e reajusta as estimativas em relação à realidade. No início, a imprecisão é alta, mas, passados alguns ciclos, ela é reduzida a níveis gerenciáveis. Porém, antes de falarmos a respeito, precisamos conversar um pouco sobre histórias.

Uma *história do usuário* é uma breve descrição de uma funcionalidade do sistema, contada do ponto de vista de um usuário. Por exemplo:

> *Como motorista de um carro, para aumentar minha velocidade, pressionarei meu pé com mais força no acelerador.*

Essa é uma das formas mais comuns de uma história de usuário. Algumas pessoas gostam. Outras preferem algo breve: *acelerar.* Ambas funcionam muito bem. A duas são apenas marcadores para uma conversa abrangente.

Boa parte dessa conversa ainda não ocorreu. Ela acontecerá quando os desenvolvedores estiverem prestes a construir a funcionalidade. No entanto, a conversa já foi iniciada no momento em que a história foi escrita. Nessa ocasião, os desenvolvedores e as partes interessadas conversaram sobre alguns dos possíveis detalhes da história e, em seguida, escolheram um texto simples para escrever.

O enunciado é simples e os detalhes são omitidos porque é muito cedo para contar com eles. Queremos postergar a especificação desses detalhes o máximo possível, até o ponto em que a história é desenvolvida. Assim, elaboramos a história brevemente como uma promessa de uma conversa futura.[2]

Normalmente, escrevemos a história em um cartão. Eu sei, eu sei. Por que diabos usaríamos ferramentas primitivas do tempo dos dinossauros quando temos computadores, iPads e...? Acontece que segurar esses cartões em suas mãos, passá-los entre os membros da equipe, rabiscá-los e *manuseá-los* é imensamente valioso.

As ferramentas automatizadas às vezes têm lá a sua utilidade, mas falarei sobre elas em outro capítulo. No momento, no entanto, pense nas histórias como cartões.

---

2. Essa é uma das definições de Ron Jeffries de uma história.

Lembre-se: a Segunda Guerra Mundial foi gerenciada[3] por meio de cartões, logo, acho que a técnica tem sua importância.

Histórias para um Caixa Eletrônico

Imagine que estamos na Iteração Zero, e somos parte da equipe escrevendo as histórias para o desenvolvimento do programa de um caixa eletrônico. Quais são essas histórias? As primeiras são muito fáceis de descobrir: *Retirada, Depósito* e *Transferência.* Naturalmente, você também precisa se identificar no caixa eletrônico. Chamaremos essa identificação de *Login.* E isso pressupõe que exista uma maneira de fazer *Logout.*

Nesse ponto, temos cinco cartões. Provavelmente haverá mais quando começarmos a especificar o comportamento da máquina. Poderíamos imaginar tarefas de auditoria, tarefas de pagamento de empréstimos e todos os tipos de outras coisas. Mas, por ora, ficaremos com os cinco primeiros cartões.

Mas, o que está registrado nesses cartões? Apenas as palavras mencionadas: *Login, Logout, Retirada, Depósito* e *Transferência.* Claro, essas não são as únicas palavras que foram *mencionadas* durante a nossa análise. Conversamos sobre uma infinidade de detalhes durante essa reunião. Mencionamos como a usuária faz login inserindo seu cartão no leitor de cartão e inserindo um PIN. Analisamos um depósito que consiste em um envelope, que é inserido em uma ranhura no caixa e no qual imprimimos marcas de identificação. Conversamos a respeito da distribuição do dinheiro e o que fazer se ele ficar emperrado no caixa ou acabar. Trabalhamos em muitos desses detalhes.

Todavia, ainda não confiamos neles, logo, não os anotamos. O que escrevemos são somente aquelas palavras. Não há nada de errado em fazer algumas anotações no cartão se quiser registrar alguns lembretes dos problemas; eles não são os requisitos. Não existe nada de formalidade nesses cartões.

Essa exclusão de detalhes é uma *disciplina.* E é dificílima. Todos na equipe sentirão a necessidade de registrar todos os detalhes analisados de uma maneira ou de outra. Resista a esse impulso!

---

3. Veja bem, até certo ponto.

Trabalhei uma vez com um gerente de projeto que insistia em escrever todos os detalhes de cada história no cartão de história. Os cartões de histórias ficavam repletos de parágrafos e parágrafos em letras minúsculas. Eles se tornaram incompreensíveis e inutilizáveis: tinham tantos detalhes que não podiam ser estimados e nem fazer parte do cronograma. Eram inúteis. E pior, o esforço investido em cada cartão de história foi tal que eles não puderam ser descartados.

O que faz com que uma história seja gerenciável, entre no cronograma e seja estimável é a ausência temporária de detalhes. As histórias devem começar simples, porque muitas delas serão modificadas, divididas, mescladas ou, ainda, descartadas. Lembre-se somente de que elas são marcadores, não requisitos.

Agora, temos um grupo de cartões de histórias elaborados na Iteração Zero. Posteriormente, outros cartões serão elaborados, à medida que novas funcionalidades e ideias forem identificadas. Na verdade, o processo de criação de histórias nunca termina. As histórias estão sempre sendo escritas, alteradas, descartadas e (o mais importante) desenvolvidas ao longo do projeto.

Estimando as Histórias

Imagine que esses cartões estejam em cima da mesa à sua frente e, sentados ao redor da mesa, estejam os outros desenvolvedores, testadores e partes interessadas. Todos se reuniram para *fazer as estimativas* desses cartões. Haverá muitas reuniões como essa. Elas ocorrerão sempre que histórias novas forem adicionadas ou algo novo for aprendido a respeito das histórias antigas. Espere que essas reuniões sejam um evento informal, porém regular, em cada iteração.

No entanto, ainda é muito cedo na Iteração Zero, e essa reunião de estimativa é a primeira. Não se estimou nenhuma história ainda.

Desse modo, escolhemos uma história do grupo que consideramos de complexidade média. Talvez seja a história do *Login*. Muitos de nós estávamos presentes quando ela foi escrita, por isso, ficamos sabendo dos tipos de detalhes que as partes interessadas achavam que seriam inclusos nessa história. Provavelmente, solicitaremos às partes interessadas que analisem esses detalhes agora, apenas para que todos estejam no contexto adequado.

Em seguida, escolhemos um número de pontos para a história. A história do *Login* custará 3 pontos de esforço de desenvolvimento (Figura 3.1). Por que 3? Por que não 3? O *Login* é uma história média, assim, lhe atribuímos um custo médio. Três é a média caso nossas histórias variem de 1 a 6.

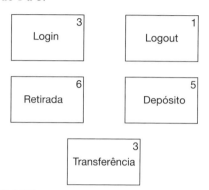

Figura 3.1 Atribui-se 3 pontos à história do Login

Agora, o *Login* é a nossa *História de Ouro*. É o padrão ao qual todas as outras histórias serão comparadas. Por exemplo, fazer *Logout* é mais simples do que fazer *Login*. Vamos atribuir 1 ponto à história do *Logout*. A *Retirada* talvez seja duas vezes mais difícil que o *Login*, então lhe atribuiremos 6 pontos. O *Depósito* é semelhante à *Retirada*, mas talvez não seja tão difícil, logo, vamos lhe atribuir 5 pontos. E, por fim, a *Transferência* é quase a mesma coisa que o *Login*, assim, lhe atribuiremos 3 pontos.

Escrevemos esses números em um canto de cada cartão de história que estimamos. Posteriormente, falarei mais sobre o processo de estimativa. Por enquanto, digamos que agora temos um grupo de cartões com estimativas que variam de 1 a 6. Por que de 1 a 6? Por que não de 1 a 6? Existem muitas estratégias de atribuição de custo. As mais simples são geralmente as melhores.

Nesse momento, você pode estar se perguntando o que esses pontos estão realmente medindo. Talvez ache que são horas, dias, semanas ou alguma outra unidade de tempo.

Mas não são. Pelo contrário, são uma unidade de esforço estimado, não de tempo real. Elas não são nem uma estimativa de tempo — são uma estimativa de *esforço*.

Os pontos da história devem ser mais ou menos lineares. Um cartão representando 2 pontos deve exigir cerca da metade do esforço de um cartão representando 4 pontos. Contudo, a linearidade não precisa ser perfeita. Lembre-se: os cartões são *estimativas*, assim, a precisão é mantida propositalmente ampla. Uma história com 3 pontos pode levar dois dias para ser implementada por Jim, se ele não se distrair com um bug no meio do caminho. Ou, talvez, Pat demore somente um dia, caso ela trabalhe de casa. Esses valores são coisas indefinidas, confusas e imprecisas que *não se relacionam* diretamente com o tempo real.

Porém, existe algo belo nesses valores indefinidos e confusos. Chama-se Lei dos Grandes Números.[4] Quando considerada em quantidade, a imprecisão se integra! Tiraremos proveito dela mais tarde.

Planejando a Iteração Um

Nesse meio-tempo, é hora de planejar a primeira iteração. A iteração começa com a *Reunião de Planejamento de Iteração* [IPM, acrônimo de *Iteration Planning Meeting*]. Essa reunião deve ser programada para ter um vigésimo da duração da iteração. A IPM para uma iteração de duas semanas deve exigir cerca de metade de um dia.

A equipe inteira participa da IPM. Isso inclui as partes interessadas, os programadores, os testadores e o gerente de projeto. As partes interessadas já leram as histórias estimadas e as classificaram conforme a ordem do valor de negócio. Na verdade, algumas equipes escolhem números para esse valor, semelhante à técnica usada para os pontos da história. Outras equipes apenas analisam atentamente o valor de negócio.

A função das partes interessadas na IPM é escolher as histórias que serão implementadas pelos programadores e testadores durante a iteração. Para tal, elas precisam saber quantos pontos da história os programadores acham que conseguem finalizar. Esse cálculo é chamado

---

4. https://en.wikipedia.org/wiki/Law_of_large_numbers [Em português: https://pt.wikipedia.org/wiki/Lei_dos_grandes_n%C3%BAmeros]

de *velocidade*. Obviamente, já que esta é a primeira iteração, ninguém tem a mínima ideia de qual será a velocidade. Então, a equipe faz uma suposição. Digamos que tal suposição seja 30.

É fundamental reconhecer que a velocidade não é um compromisso. A equipe não está prometendo fazer 30 pontos durante a iteração, e nem *tentar* concluir os 30 pontos. Essa é apenas a suposição de quantos pontos serão concluídos até o final da iteração. Provavelmente, nem é uma suposição muito precisa.

Retorno sobre o Investimento

Agora, as partes interessadas estão envolvidas no jogo da matriz quadrante (Figura 3.2).

	Custo Alto	Custo Baixo
Valor Alto	Faça Depois	Faça Agora
Valor Baixo	Nunca Faça	Faça por Último

Figura 3.2 Jogo da matriz quadrante

As histórias com valor alto, mas com custo baixo, serão elaboradas de imediato. Aquelas que têm valor alto e um custo alto, serão feitas depois. As histórias que têm valor baixo e custo baixo podem ser concluídas algum dia. Aquelas que têm valor baixo, mas um custo alto, nunca serão feitas.

Isso se chama cálculo de *Retorno sobre o Investimento* (ROI). Ele não é feito formalmente, e nenhuma apuração é necessária. As partes interessadas simplesmente analisam o cartão e fazem um julgamento baseado em seu valor e custo estimado.

Então, por exemplo: "O *Login* é muito importante; mas também é bem caro. Vamos esperar. O *Logout* também é importante e bem barato.

Vamos fazê-lo! A *Retirada* tem um custo alto — bem alto. Só que também é importante mostrar essa funcionalidade primeiro. Vamos desenvolvê-la."

É assim que o processo funciona. As partes interessadas examinam o conjunto de histórias em busca daquelas que apresentem o maior retorno financeiro, o maior ROI. Ao chegar à soma de 30 pontos, elas param. Esse é o planejamento para a iteração.

Verificação do Ponto Médio

Mãos à obra. Explicarei o processo envolvido no desenvolvimento das histórias detalhadamente mais tarde. Por ora, imagine que exista algum procedimento que traduza as histórias em código funcional. Pense nisso como cartões de história passando de uma *pilha planejada* para uma *pilha concluída*.

No ponto médio da iteração, muitas histórias devem ser concluídas. Qual deve ser o total de pontos dessas histórias? Isso mesmo, 15. Para colocar esse processo em prática, você deve fazer a divisão por dois.

Então, marcaremos uma reunião de análise do ponto médio. É segunda-feira de manhã, o primeiro dia da segunda semana da iteração. A equipe se reúne com as partes interessadas e elas analisam o progresso.

Ah não, as histórias finalizadas somam apenas 10 pontos. Com apenas uma semana, é bem improvável que eles consigam mais 20 pontos. Portanto, as partes interessadas eliminam histórias suficientes do planejamento com o objetivo de reduzir os pontos remanescentes para 10.

Na sexta-feira à tarde, a iteração termina com uma demonstração. Porém, somente 18 pontos foram completados. Essa iteração foi malsucedida?

Não! *As iterações nunca são malsucedidas.* O objetivo de uma iteração é gerar dados para gerentes. Seria bom se ela também gerasse o código funcional, mas ainda que não seja o caso, ela gerou dados.

Clima do Dia Anterior (Yesterday's Weather)

Agora sabemos quantos pontos conseguimos fazer em uma semana: cerca de 18. Na segunda-feira, quando a próxima iteração começar, quantos pontos as partes interessadas devem planejar? Dezoito, é claro. Isso é chamado de *o clima do dia anterior*. O melhor estimador climático de hoje é o dia anterior. O melhor preditor do progresso de uma iteração é a iteração anterior.

Assim, na IPM, as partes interessadas selecionam as histórias que somam 18 pontos. Mas, dessa vez, na análise do ponto médio, algo estranho aconteceu. Há 12 pontos concluídos. Devemos lhes informar?

Não precisamos. Eles mesmos podem ver. Desse modo, as partes interessadas acrescentam mais 6 pontos ao planejamento, totalizando 24.

Claro que a equipe só consegue concluir 22 pontos. Logo, 22 pontos serão escolhidos para a próxima iteração.

O Final do Projeto

E as coisas funcionam mais ou menos desse jeito. À medida que cada iteração é finalizada, acrescenta-se a velocidade concluída ao gráfico de velocidade, para que todos possam acompanhar o andamento da equipe.

Agora imagine que esse processo continua, iteração após iteração, mês após mês. O que está acontecendo com esse baralho de cartões de histórias? Pense no ciclo de iteração como uma válvula que bombeia o ROI para fora desse baralho. Pense na análise contínua dos requisitos como uma válvula que bombeia o ROI de volta a esse baralho. Enquanto o ROI que entra ultrapassar o ROI que sai, o projeto continuará.

No entanto, pode ocorrer de a quantidade das funcionalidades novas identificadas na análise cair aos poucos para zero. Quando isso acontecer, o ROI restante no baralho terá se exaurido após algumas iterações. Chegará o dia em que, na IPM, as partes interessadas inspecionarão os cartões de história em busca de algo que valha a pena fazer e não encontrarão nada. O projeto acabou.

O projeto não termina quando todas as histórias são implementadas. Ele acaba quando não há mais histórias no baralho que valham a pena ser implementadas.

Não raro, é surpreendente o que resta no baralho de cartões de histórias após o término do projeto. Certa vez, trabalhei em um projeto de um ano em que a primeira história elaborada, a que deu nome ao projeto, nunca foi escolhida para implementação. Era uma história importante na época, mas havia muitas outras urgentes a serem implementadas. Quando todas essas urgentes foram decididas, a importância daquela primeira havia se dissipado.

Histórias

Histórias de usuários são declarações simples que utilizamos como lembretes de funcionalidades. Tentamos não registrar muitos detalhes quando as escrevemos porque sabemos que esses detalhes provavelmente mudarão. Os detalhes *são* registrados depois, na forma de Testes de Aceitação, que discutiremos mais adiante.

As histórias seguem um conjunto simples de diretrizes de acordo com o mnemônico *INVEST*.

- **I: Independent (Independente):** As histórias de usuários são independentes umas das outras. Ou seja, elas não precisam ser implementadas em nenhuma ordem específica. O *Login* não precisa ser implementado antes do *Logout*.

Esse é um requisito simples, porque talvez existam histórias que dependem de outras histórias que precisem ser implementadas primeiro. Por exemplo, se definirmos o *Login* sem nenhuma recuperação de senha, logo, claramente a *Recuperação de Senha* depende, até certo ponto, do *Login*. Ainda assim, tentamos separar as histórias de modo que exista a menor dependência possível. Isso nos possibilita implementar as histórias na ordem do valor do negócio.

- **N: Negotiable (Negociável):** Aqui temos outra razão pela qual não registramos todos os detalhes. Queremos que eles sejam negociáveis entre os desenvolvedores e o negócio.

Por exemplo, a empresa pode solicitar uma interface sofisticada de arrastar e soltar para alguma funcionalidade. Os desenvolvedores poderiam recomendar um estilo de caixa de seleção mais simples afirmando que seria mais barato para desenvolver. Negociações como essa são fundamentais porque é um dos poucos meios pelos quais as empresas obtêm informações sobre as formas de gerenciar o custo do desenvolvimento de um software.

- **V: Valuable (De Valor):** A história deve apresentar um valor claro e quantificável para o negócio.

Refatoração *nunca* é uma história. Arquitetura nunca é uma história. Limpeza de código nunca é uma história. Uma história é sempre alguma coisa que o negócio valoriza. Não se preocupe, *cuidaremos* da refatoração, da arquitetura e da limpeza — mas não com histórias.

Via de regra, isso significa que uma história atravessará todas as camadas de um sistema. Talvez envolva um pouco de GUI, um pouco de *middleware*, um pouco de banco de dados etc. Pense em uma história como uma fatia vertical fina que atravessa as camadas horizontais do sistema.

A quantificação do valor do negócio pode ser informal. Algumas equipes podem simplesmente usar alto/médio/baixo como sua escala de valor de negócio; outras podem tentar empregar uma escala de 10 pontos. Não importa qual escala você use, contanto que seja possível diferenciar as histórias que divergem consideravelmente em valor.

- **E: Estimable (Mensurável):** Uma história de usuário deve ser concreta o suficiente para permitir que os desenvolvedores a estimem.

Histórias como *O Sistema Deve Ser Rápido* não são mensuráveis porque ela não está encerrada; trata-se de um requisito básico que todas as histórias devem implementar.

- **S: Small (Pequena):** Uma história de usuário não deve ser maior que qualquer coisa que um ou dois desenvolvedores não consigam implementar em uma única iteração.

Não queremos que uma única história controle toda a equipe por uma iteração inteira. Uma iteração deve abarcar aproximadamente o mesmo número de histórias que o número de desenvolvedores existentes na equipe. Se a equipe tiver oito desenvolvedores, cada iteração deverá conter de seis a doze histórias. Contudo, você não quer ficar empacado nesse ponto; isso é mais uma orientação do que uma regra.

- **T: Testable (Testável):** A empresa deve conseguir estruturar testes que comprovem que a história foi concluída.

Em geral, esses testes serão escritos pela equipe de QA, serão automatizados e empregados a fim de determinar se uma história está completa. Mais tarde, falaremos bastante sobre isso. Por ora, lembre-se de que uma história precisa ser concreta o bastante para ser especificada nos testes.

Aparentemente, isso contradiz a afirmação anterior. Só que não, porque não precisamos conhecer o teste no momento em que elaboramos a história. Tudo o que precisamos saber é que um teste pode ser escrito no momento apropriado. Por exemplo, ainda que eu não saiba de todos os detalhes da história do *Login*, *sei* que ela é testável porque *Login* é uma operação concreta. Por outro lado, uma história como *Utilizável* não é testável, tampouco estimável. Na verdade, o Mensurável e o Testável caminham de mãos dadas.

ESTIMATIVA DA HISTÓRIA

Existem diversos esquemas para estimar histórias. A maioria deles são variações da antiga abordagem *Wideband Delphi*.[5]

Um das abordagens mais simples se chama *Flying Fingers* (semelhante ao *Punho dos Cinco*). Os desenvolvedores sentam ao redor de uma mesa, leem uma história e a analisam com as partes interessadas, caso necessário. Em seguida, eles colocam uma mão atrás das costas, longe da vista, e levantam a mão com o número de dedos que corresponde ao número de pontos que acham que a história merece. Então alguém conta um... dois... três... e todo mundo levanta as mãos ao mesmo tempo.

Se todo mundo tiver levantado o mesmo número de dedos, ou se a divergência for pequena e tiver uma média óbvia, esse número será registrado no cartão da história e a equipe passará para a próxima. Mas, caso haja divergências substanciais entre o número de dedos levantados,

---

5. https://en.wikipedia.org/wiki/Wideband_delphi [conteúdo em inglês]

os desenvolvedores analisam os motivos e repetem o processo até que se chegue a um acordo.

Uma gama razoável de histórias se baseia no conceito dos *Tamanhos de uma Camiseta:* pequeno, médio e grande. Se você quiser levantar os cinco dedos, vá em frente. Em contrapartida, mais do que uma mão de pontuação é quase um absurdo. Lembre-se, queremos ser precisos, mas não mais precisos do que o necessário.

O *Planning Poker (Estimativa Poker)*[6] é uma técnica parecida, só que envolve cartas. Existem muitos baralhos populares de Planning Poker por aí. A maioria corresponde à série de Fibonacci. Um típico baralho contém as cartas: ?, 0, ½, 1, 2, 3, 5, 8, 13, 20, 40, 100 e ∞. Se você usar esse baralho, meu conselho é eliminar a maioria dessas cartas.

Uma vantagem da série de Fibonacci é que ela possibilita que a equipe estime histórias maiores. Por exemplo, você pode escolher 1, 2, 3, 5 e 8, o que lhe concede um intervalo de tamanho 8X.

Também pode incluir 0, ∞ e ?. Na técnica *Flying Fingers,* você pode usar os polegares para baixo, os polegares para cima e uma mão aberta para representar esses símbolos. Zero significa "Muito insignificante para estimar". Mas, tenha cuidado! Você pode combinar alguns deles em uma história maior. Infinito (∞) representa uma história muito grande para ser estimada e, portanto, ela deve ser dividida. E (?) significa que você simplesmente não sabe, o que significa que precisará de uma *spike*.

Decompor, Mesclar e Spike

Mesclar histórias é simples. Você pode juntar os cartões e considerar as histórias mescladas como uma só. Basta somar todos os pontos. Caso algum cartão tenha zero ponto, use seu bom senso ao somar. Afinal, cinco zeros provavelmente não somam zero.

Agora, decompor as histórias é um pouco mais interessante, porque você precisa seguir o INVEST. Vejamos um exemplo simples de decomposição considerando o *Login.* Se quiséssemos decompô-lo em histórias menores, poderíamos criar *Login Sem Senha, Fazer Login com*

---

6. Grenning, J. W. 2002. Planning Poker or how to avoid analysis paralysis while release planning. Disponível em: https://wingman-sw.com/articles/planning-poker [conteúdo em inglês].

Uma Única Tentativa de Entrar com a Senha, Permissão para Diversas Tentativas de Entrar com a Senha e Esqueceu a Senha.

É raro se deparar com uma história que não possa ser descomposta. Isso vale sobretudo para aquelas que são muito grandes e precisam ser decompostas. Lembre-se de que é função de um programador decompor as histórias em linhas de código individuais. Assim, a decomposição é quase sempre possível. O desafio é seguir o INVEST.

Uma *spike* é uma semi-história, ou melhor, uma história para estimar outra história. Chama-se *spike* porque muitas vezes exige que desenvolvamos uma fatia longa e bastante fina em todas as camadas do sistema, como um espeto.

Digamos que exista uma história que você não consiga estimar. Vamos chamá-la de *Imprimir PDF*. Por que você não sabe estimar? Porque nunca usou a biblioteca de PDF antes e não tem certeza de como ela funciona. Logo, você escreve uma história nova chamada *Estimativa Imprimir PDF*. Agora, estima *essa* história, que é mais fácil de estimar.

Afinal de contas, você sabe o que precisará fazer para descobrir como a biblioteca de PDF funciona. Ambas as histórias vão para o baralho.

Posteriormente, em uma IPM, as partes interessadas podem decidir pela carta *Imprimir PDF*, mas não poderão escolhê-la por causa da *spike*. Elas terão que optar pela *spike*. Isso permitirá que os desenvolvedores façam o trabalho necessário para estimar a história original, que pode ser implementada em uma iteração futura.

GERENCIANDO A ITERAÇÃO

A finalidade de cada iteração é gerar dados por meio das histórias concluídas. A equipe deve se concentrar nas histórias, e não nas tarefas das histórias. É bem melhor concluir 80% das histórias do que 80% de cada história. Foque a conclusão das histórias.

Assim que a reunião de planejamento terminar, os programadores deverão escolher as histórias pelas quais cada um será responsável. Algumas equipes escolhem as primeiras histórias e deixam o resto em uma pilha para serem escolhidas depois, à medida que as histórias são finalizadas. Seja como for, as histórias são escolhidas individualmente e pertencem a cada programador.

Gerentes e a liderança ficarão tentados a atribuir histórias aos programadores. Isso deve ser evitado. É melhor deixar os programadores negociarem entre si.

Por exemplo:

Jerry (profissional experiente): Se ninguém se importar, vou ficar com o Login *e com o* Logout. *Faz sentido desenvolver os dois juntos.*

Jasmine (profissional experiente): Não vejo problemas, mas por que você não faz programação pareada com o Alphonse na parte do banco de dados? Ele está perguntando sobre nosso estilo de eventos, e o Login *seria uma introdução suave. Alphonse?*

Alphonse (programador júnior/aprendiz): Por mim, está ótimo. Quando eu vir essa parte, conseguirei trabalhar na Retirada.

Alexis (programador líder): Por que você não deixa a Retirada *para mim, Alphonse? Você pode programar em dupla comigo também. Daí, você pega a* Transferência.

Alphonse: Ah, legal. Faz mais sentido. Pequenas etapas, certo?

Jasmine: Certo, Al. Então sobra o Depositar. *Fico com ele. Alexis, você e eu devíamos trabalhar juntos nas UIs porque provavelmente elas são semelhantes. Podemos compartilhar o código.*

Nesse exemplo, você pode observar como o programador líder orienta o novo e ambicioso aprendiz a não pegar mais coisa do que ele pode dar conta, e como a equipe geralmente colabora na escolha das histórias.

QA e Testes de Aceitação

Se a equipe de QA ainda não começou a escrever os Testes de Aceitação automatizados, ela deve começar assim que a IPM terminar. Os testes das histórias agendadas para conclusão mais cedo devem ser realizados com antecedência. Não queremos que histórias já concluídas fiquem aguardando a elaboração dos Testes de Aceitação.

A escrita do Teste de Aceitação deve ser rápida. Esperamos que todos sejam elaborados antes do ponto médio da iteração. Caso nem todos os Testes de Aceitação estejam prontos no ponto médio, alguns dos desenvolvedores devem parar de trabalhar nas histórias e começar a trabalhar nos Testes de Aceitação.

Provavelmente, isso indica que nem todas as histórias serão concluídas nesta iteração; no entanto, uma história não poderá ser concluída sem os Testes de Aceitação. Basta assegurar que os programadores que trabalham em uma história também não estejam escrevendo os testes para essa história. Caso a equipe de QA continue perdendo o prazo do ponto médio, uma iteração após a outra, é bem provável que a correlação de engenheiros de QA e desenvolvedores esteja errada.

Depois do ponto médio, se todos os Testes de Aceitação forem concluídos, a QA deverá trabalhar nos testes para a próxima iteração. É simples especulação, visto que a IPM ainda não ocorreu, mas as partes interessadas podem oferecer as diretrizes sobre as histórias com maior probabilidade de serem escolhidas.

Os desenvolvedores e a QA devem dialogar bastante a respeito desses testes. Não queremos que a equipe de QA simplesmente "jogue os testes no colo" dos desenvolvedores. Em vez disso, eles devem negociar como os testes são estruturados e colaborar para elaborá-los, em conjunto.

À medida que o ponto médio da iteração se aproxima, a equipe deve tentar concluir as histórias para sua análise. Conforme o final da iteração se aproxima, os desenvolvedores devem tentar fazer com que as histórias restantes passem nos respectivos Testes de Aceitação.

A definição de "concluído" é: os Testes de Aceitação serem aprovados.

No último dia da iteração, talvez decisões difíceis sobre quais histórias serão concluídas e quais serão eliminadas precisem ser tomadas. Fazemos isso para que possamos realocar os esforços com o intuito de realizar o maior número possível de histórias. Mais uma vez, não queremos encerrar a iteração com duas histórias pela metade quando poderíamos ter sacrificado uma história para concluir a outra.

Não se trata de fazer as coisas rápido. Trata-se de fazer progressos tangíveis e mensuráveis. Trata-se da confiabilidade dos dados. Quando uma história passa no Teste de Aceitação, ela é concluída. No entanto, quando um programador diz que uma história está 90% concluída, não sabemos de fato o quanto ela está próxima da conclusão. Logo, a única coisa que queremos representar em nosso gráfico de velocidade são as histórias que passaram nos Testes de Aceitação.

A DEMONSTRAÇÃO

A iteração acaba com uma breve demonstração das histórias novas às partes interessadas. Essa reunião não precisa ter mais de uma hora ou duas, a depender do tamanho da iteração. A demonstração deve incluir a execução de todos os Testes de Aceitação — incluindo todos os *anteriores* — e de todos os testes unitários. Também deve mostrar as funcionalidades adicionadas recentemente. É melhor que as próprias partes interessadas operem o sistema para que os desenvolvedores não fiquem tentados a esconder as coisas que não funcionam.

VELOCIDADE

A última prática da iteração é atualizar os gráficos de velocidade e de burndown. Somente os pontos das histórias que passaram nos Testes de Aceitação são registrados nesses gráficos. Após várias iterações, esses dois gráficos começarão a exibir uma inclinação (coeficiente linear). A inclinação do gráfico de burndown prevê a data para o próximo marco importante. A inclinação do gráfico de velocidade nos informa o quão bem a equipe está sendo gerenciada.

A inclinação da velocidade será bastante ruidosa, sobretudo durante as iterações iniciais, pois a equipe ainda está descobrindo o básico do projeto. Mas, após as primeiras iterações, o ruído deve reduzir a um nível que possibilite que uma velocidade média se torne aparente.

Esperamos que, após as primeiras iterações, a inclinação seja zero — ou seja, horizontal. Não esperamos que a equipe acelere ou desacelere por longos períodos.

Velocidade Crescente

Se virmos uma inclinação positiva, provavelmente *não* significa que a equipe está trabalhando mais rápido. Ao contrário, provavelmente significa que o gerente de projeto está pressionando a equipe a trabalhar mais rápido. À medida que essa pressão aumenta, a equipe inconscientemente muda o valor de suas estimativas com o intuito de passar a impressão de que está trabalhando mais rápido.

É como a inflação simples. Os pontos são a moeda corrente, e a equipe está desvalorizando-os por conta da pressão externa. No próximo ano, essa equipe terá milhões de pontos por iteração. A lição aqui é que a velocidade é uma *medição,* não um objetivo. É o básico da teoria de controle: não exerça pressão sobre o que você está calculando.

A finalidade de estimar a iteração durante a IPM é simplesmente para que as partes interessadas saibam quantas histórias *poderiam* ser concluídas. Isso as ajuda a escolher as histórias e a planejar. Mas essa estimativa não é uma promessa e a equipe não fez nada de errado se a velocidade real for menor.

Lembre-se: a única iteração que dá errado é aquela que não produz dados.

Velocidade Decrescente

Se o gráfico de velocidade mostrar uma inclinação negativa consistente, a causa mais provável é a qualidade do código. A equipe possivelmente não está refatorando o bastante e está permitindo que o código apodreça. Uma das razões pela qual as equipes não conseguem refatorar o suficiente é que elas não elaboram testes de unidade suficientes, logo, ficam com medo de que a refatoração possa quebrar algo que costumava funcionar. Gerenciar esse medo da mudança é um dos principais objetivos do gerenciamento de equipes e tudo se resume à disciplina de teste. Posteriormente, falaremos muito mais a respeito.

À medida que a velocidade diminui, a pressão sobre a equipe aumenta. Isso faz com que os pontos aumentem. Essa inflação pode esconder a velocidade decrescente.

A História de Ouro

Um meio de evitar a inflação é comparar regularmente as estimativas de histórias com a *História de Ouro* original, o padrão contra o qual outras histórias serão avaliadas. Lembre-se de que o *Login* foi nossa *História de Ouro* original, estimada em 3 pontos. Se uma história nova, como *Corrigir Erro de Ortografia no Item de Menu,* tem uma estimativa de 10 pontos, você sabe que alguma força inflacionária está em atividade.

PEQUENAS VERSÕES

A prática de *Pequenas Versões* sugere que uma equipe de desenvolvimento libere seu software o mais rápido possível. No final da década de 1990, quando a metodologia ágil estava engatinhando, pensamos que isso significava um lançamento a cada "mês ou dois". Atualmente, no entanto, definimos como meta que os lançamentos sejam muito, muito mais curtos. Na realidade, os tornamos imensamente mais curtos. A finalidade, é claro, é a *Entrega Contínua:* a prática de liberar o código para produção após cada mudança.

Tal descrição pode ser uma falácia porque o termo *Entrega Contínua* passa a impressão de que o ciclo que queremos encurtar é apenas o ciclo de *entrega*. Na realidade, queremos encurtar *todos* os ciclos.

Infelizmente, existe um comodismo histórico substancial em relação à diminuição dos ciclos. Esse comodismo tem relação com a maneira como gerenciávamos nosso código-fonte antes.

UMA BREVE HISTÓRIA SOBRE O CONTROLE DO CÓDIGO-FONTE

A história do controle do código-fonte é sobre os ciclos e seus tamanhos. Começa nas décadas de 1950 e 1960, quando o código-fonte era armazenado em cartões perfurados (Figura 3.3).

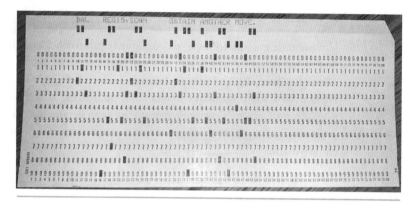

Figura 3.3 Um cartão perfurado

Antigamente, muitos de nós usávamos cartões perfurados. Um cartão continha oitenta caracteres e representava uma linha de um programa. O programa em si era um conjunto de cartões, normalmente armazenados juntos, presos com um elástico e mantido em uma caixa (Figura 3.4).

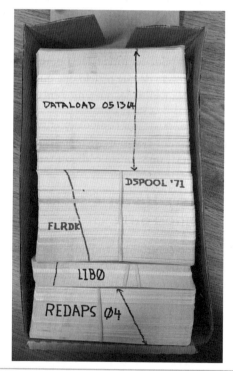

Figura 3.4 Conjuntos de cartões perfurados em uma caixa

O dono desse programa armazenava os conjuntos de cartões em uma gaveta ou em um armário. Se alguém quisesse fazer o check-out do código-fonte, ele *literalmente* retirava o código-fonte da gaveta ou do armário, com a permissão do dono.

Caso realizasse a verificação do código-fonte, você era o único que podia alterá-lo porque teve a posse *física* dele. Ninguém mais podia sequer encostar nele. Quando terminasse, você o devolvia ao dono do programa, que o colocava de volta na gaveta ou no armário.

O ciclo de tempo para esse programa era a quantidade de tempo que um programador detinha a posse dele. Poderiam ser dias, semanas ou meses.

FITAS

Na década de 1970, fizemos paulatinamente a transição para armazenar nosso código-fonte nas imagens de cartões armazenadas em fita magnética. As fitas magnéticas podiam conter um grande número de módulos de código-fonte e eram fáceis de duplicar. O procedimento para editar um módulo era o seguinte:

1. Pegar a fita mestra no rack principal.

2. Copiar os módulos que desejava editar da fita mestra para uma fita de trabalho.

3. Colocar a fita mestra de volta para que outras pessoas pudessem acessar os outros módulos.

4. Colocar um alfinete colorido no quadro de verificação ao lado do nome dos módulos que você desejava editar. (Eu era azul, meu chefe era vermelho e o outro programador da minha equipe era amarelo. Sim, em algum momento ficamos sem opções de cores.)

5. Editar, compilar e testar usando a fita de trabalho.

6. Pegar novamente a fita mestra.

7. Copiar os módulos alterados da fita de trabalho para uma nova cópia da fita mestra.

8. Colocar a nova fita mestra no rack.

9. Remover os alfinetes do quadro de verificação.

Mais uma vez, o ciclo de tempo era o tempo em que seu alfinete ficava no quadro. Podia levar horas, dias ou até semanas. Desde que seus alfinetes estivessem no quadro de verificação, ninguém deveria encostar nos módulos em que você estava mexendo.

Obviamente, esses módulos ainda estavam na fita mestra e, em algum momento de descuido, alguém poderia violar as regras e editá-los. Logo, os alfinetes eram uma convenção, não uma barreira física.

Discos e SCCS

Nos anos 1980, passamos a armazenar nosso código-fonte em disco. A princípio, continuamos a usar os alfinetes no painel de verificação, mas, depois, algumas ferramentas reais de controle de código-fonte começaram a surgir. A primeira de que me recordo foi o SCCS (Sistema de Controle de Código-Fonte). O SCCS se comportava exatamente como o quadro de verificação. Você bloqueava um módulo no disco, impedindo que outras pessoas o editassem. Esse tipo de bloqueio é chamado de *lock pessimista*. Mais uma vez, o ciclo de tempo era a duração do lock. Poderia levar horas, dias ou meses.

O SCCS cedeu lugar ao Sistema de Controle de Revisão (SCR), que deu lugar ao Sistema de Controle de Versão (CVS), ou Versionamento, que usava uma forma ou outra de lock pessimista. Assim, o ciclo de tempo permaneceu extenso. No entanto, os discos são um meio de armazenamento bem mais conveniente do que as fitas. O processo de copiar módulos da fita mestra para as fitas de trabalho nos tentou a manter esses módulos grandes. Os discos, em contrapartida, nos possibilitavam diminuir de forma radical o tamanho de nossos módulos. Simplesmente não havia quebra por ter muitos módulos pequenos em vez de alguns grandes. Isso reduzia efetivamente o ciclo de tempo porque a quantidade de tempo que você armazenaria um módulo pequeno verificado era relativamente pequena.

O problema era que as alterações em um sistema geralmente exigiam mudanças em muitos módulos. À medida que o sistema estava profundamente acoplado, o tempo efetivo de verificação ainda era extenso. Alguns de nós aprenderam a desacoplar nossos módulos para reduzir o tempo de verificação. A maioria, no entanto, não aprendeu.

Subversion

Então, eis que apareceu o Subversion (SVN). Esta ferramenta oferecia *locks otimistas.* Um lock otimista não é, de fato, um lock. Um desenvolvedor pode fazer o check-out de um módulo ao mesmo tempo que outra pessoa. A ferramenta rastreava isso e mesclava automaticamente as alterações nos módulos. Se algum conflito fosse identificado (ou seja, os dois desenvolvedores alteraram as mesmas linhas de código), o programador era forçado a resolver o conflito antes de a ferramenta permitir o check-in.

Isso reduzia drasticamente o ciclo de tempo no que dizia respeito ao tempo necessário para editar, compilar e testar uma série de pequenas alterações. O acoplamento ainda era um problema. Um sistema fortemente acoplado mantinha o ciclo de tempo extenso, porque muitos módulos precisavam ser alterados em sincronia. Porém, um sistema cujo acoplamento deixava a desejar podia ser acionado mais rapidamente. O tempo do check-out não era mais o fator restritivo.

Git e Testes

Hoje em dia, usamos o Git. O tempo de check-out usando o Git diminuiu para zero. O conceito não existe. Em vez disso, pode-se fazer commit em um módulo a qualquer momento. Os conflitos entre esses commits são resolvidos como e quando os programadores bem querem. Os minúsculos módulos desacoplados e a frequência de consolidação rápida resultam em ciclos de tempo tão pequenos quanto minutos. Some isso à capacidade de criar um conjunto de testes abrangente e de execução rápida que testa quase *tudo,* e você tem os ingredientes da *Entrega Contínua.*

Comodismo Histórico

Infelizmente, é difícil para as organizações se livrarem dos comportamentos do passado. O ciclo de tempo de dias, semanas e meses está profundamente arraigado na cultura de muitas equipes e se disseminou pela equipe de QA, pela gerência e pelas expectativas das partes interessadas. Desse ponto de vista cultural, a noção de *Entrega Contínua* aparentemente é absurda.

Pequenas Versões

A agilidade tenta romper esse comodismo histórico, levando a equipe a ciclos de lançamento cada vez mais curtos. Se você estiver liberando a cada seis meses, tente a cada três meses, depois a cada mês e, depois, semanalmente. Continue encurtando o ciclo de lançamento em uma abordagem assintótica até chegar a zero.

Para fazer isso, a organização precisará interromper o acoplamento entre liberação e implementação. O termo "versão", ou "lançamento", como algumas empresas usam, significa que o software está tecnicamente pronto para ser implementado. A decisão de implementação se torna somente uma decisão de negócios.

Talvez você tenha percebido que essa é a mesma linguagem que usamos para descrever as iterações. Elas são tecnicamente implementáveis. Se nossas iterações durarem duas semanas, e quisermos liberar com mais frequência, teremos que encurtá-las.

As iterações podem ser encurtadas assintoticamente até chegar a zero? Sim, podem. Mas esse é assunto para outra seção.

Testes de Aceitação

A prática dos Testes de Aceitação é uma das menos compreendidas, menos usadas e mais confusas de todas as práticas ágeis. O que é estranho, porque a ideia fundamental é bastante simples: *os requisitos devem ser especificados pela empresa.*

Naturalmente, o problema é a definição da palavra *especificar.* Muitas empresas gostariam que isso significasse que elas podem gesticular e descrever o comportamento esperado em termos vagos e sentimentais. Elas querem que os desenvolvedores adivinhem todos os pequenos detalhes. E muitos programadores gostariam que a empresa definisse *precisamente* o que o sistema deve fazer, até as coordenadas e os valores de cada pixel.

É necessário chegar a um consenso entre esses dois extremos.

Testes de Aceitação

Assim, o que é uma especificação? Uma especificação é, devido à sua própria natureza, *um teste.* Por exemplo:

> *Quando o usuário digitar um nome de usuário e senha válidos e clicar em "login", o sistema apresentará a página "Bem-vindo".*

Obviamente isso é uma especificação... e também é um teste.

Também dever ser evidente que esse teste possa ser automatizado. Não há razão para que um computador não possa verificar se a especificação foi atendida.

Essa é a prática dos Testes de Aceitação. A prática diz que, na medida do possível, os requisitos do sistema devem ser escritos como testes automatizados.

Mas, calma lá! Quem escreve esses testes automatizados? O primeiro parágrafo desta seção responde a essa pergunta: *os requisitos devem ser especificados pela empresa.* Logo, a empresa deve escrever os testes automatizados. Certo?

Mas, espera aí! Os testes automatizados devem ser escritos em algum tipo de linguagem executável formal. Parece um trabalho para programadores. Logo, os programadores devem escrever os testes automatizados, certo?

Mas, um momento! Se os programadores escreverem os testes, eles não serão escritos da perspectiva das empresas. Serão testes técnicos cheios de detalhes que somente os programadores entendem. Eles não retratarão o valor de negócio de cada item. Portanto, a empresa deve escrever os testes automatizados. Certo?

Mas, tem mais! Se a empresa escrever os testes automatizados, eles serão escritos de uma maneira que não corresponde à tecnologia que estamos usando. Os programadores terão que reescrevê-los, certo?

Agora você pode ver por que essa prática confunde muita gente.

Ferramentas e Metodologias

A coisa fica ainda pior, pois a prática anterior foi bombardeada com ferramentas e metodologias.

Na tentativa de facilitar para as pessoas de negócios elaborarem os testes automatizados, os programadores criaram uma miríade de ferramentas para "ajudar". Dentre elas estão coisas como FitNesse, JBehave, SpecFlow e Cucumber. Cada uma dessas ferramentas instaura um formalismo que tenta separar os lados técnico e de negócios de um teste automatizado. A hipótese de trabalho é que a empresa possa escrever o lado de negócios dos testes automatizados e os programadores possam escrever o *glue code* que une esses testes ao sistema que está sendo testado.

Aparentemente é uma boa ideia, e as ferramentas executam um trabalho decente nessa separação. No entanto, as empresas são relutantes em se envolver. As pessoas de negócios responsáveis pela especificação desconfiam das linguagens formais. Em geral, elas querem utilizar uma linguagem humana, como o inglês, para escrever suas especificações.

Em resposta a essa relutância, os programadores interviram e escreveram os Testes de Aceitação para as pessoas de negócios, esperando que elas, pelo menos, *lessem* os documentos formais. Mas isso também não deu muito certo, porque as pessoas de negócios não gostam de linguagens formais. Elas preferem ver o sistema realmente funcionando ou, melhor ainda, delegar o trabalho de verificação à equipe de QA.

Desenvolvimento Orientado por Comportamento

Após a virada do milênio, Dan North começou a trabalhar na redefinição do TDD, que chamou de *Desenvolvimento Orientado por Comportamento* (BDD). Seu objetivo era eliminar o jargão técnico dos testes e fazer com que eles se parecessem mais com as especificações de que as pessoas de negócios gostavam.

A princípio, era somente mais uma tentativa de formalizar a linguagem dos testes, neste caso, usando três advérbios especiais: *Dado, Quando* e *Então*. Diversas ferramentas foram desenvolvidas ou modificadas para serem compatíveis com essa linguagem. Dentre elas estão JBehave,

Cucumber e FitNesse. Mas, com o passar do tempo, a ênfase mudou de ferramentas e testes para requisitos e especificações.

Os defensores do BDD sugerem que as empresas podem obter um grande valor especificando seus sistemas em uma linguagem formal baseada no cenário Dado-Quando-Então, independentemente de elas de fato automatizarem esses requisitos como testes.

Isso evita que os empresários se adaptem aos requisitos técnicos envolvidos na elaboração de testes verdadeiramente executáveis, enquanto, ao mesmo tempo, permitem que sejam formais e precisos.

A Prática

A despeito de toda a controvérsia e confusão descritas anteriormente, a prática do *Teste de Aceitação* é bastante simples. A empresa elabora testes formais que descrevem o comportamento de cada história de usuário, e os desenvolvedores automatizam esses testes.

Os testes são escritos pelos analistas de negócios e pela equipe de QA, antes da primeira metade da iteração em que as histórias que eles testam devem ser desenvolvidas. Os desenvolvedores integram esses testes ao processo de build contínuo. Esses testes se tornam a *Definição de Concluído* para as histórias na iteração. Uma história não é especificada até que seu Teste de Aceitação seja escrito.

Analistas de Negócios e QA

Os Testes de Aceitação são um trabalho colaborativo entre os analistas de negócios, a equipe de QA e os desenvolvedores. Os analistas de negócios especificam os caminhos para a felicidade. Isso acontece porque eles têm o suficiente para desempenhar seu papel de comunicação entre os programadores e as partes interessadas.

O papel de equipe de QA é escrever os caminhos para a infelicidade. Existem mais caminhos infelizes do que felizes. O pessoal de QA é contratado por sua capacidade de descobrir como quebrar o sistema. São pessoas profundamente técnicas que conseguem prever todas as coisas estranhas e bizarras que os usuários farão no sistema. Elas também conhecem a mente dos programadores e sabem como sondar todas as suas tendências preguiçosas.

E, é claro, os desenvolvedores trabalham com a equipe de QA e com os analistas de negócios para garantir que os testes tenham lógica do ponto de vista técnico.

QA

Claro que isso muda totalmente o papel da equipe de QA. Em vez de atuar como testadores no back-end do projeto, eles se tornam especificadores operando no front-end. Em vez de fornecer feedback tardio sobre erros e lacunas, eles fornecem informações iniciais à equipe de desenvolvimento para evitar esses erros e lacunas.

Isso sobrecarrega, e muito, a equipe de QA. Agora, a QA deve garantir a qualidade instilando-a no início de cada iteração, em vez de identificar a falta de conformidade no final. No entanto, a responsabilidade da equipe de QA não enfraquece de jeito algum; eles determinam se o sistema é implementável.

Perdendo o Prazo dos Testes no Final

Passar a QA para o início e automatizar os testes soluciona outro grande problema. Quando a QA opera manualmente no final, ela funciona como gargalo. Ela deve concluir seu trabalho antes que o sistema possa ser implementado. Os gerentes e as partes interessadas impacientes dependem da equipe de QA para terminar as coisas e para que o sistema possa ser implementado.

A partir do momento que a QA finaliza as coisas, todos os atrasos anteriores caem no colo dessa equipe. Se os desenvolvedores estão atrasados na entrega para a QA, a data de entrega muda? Via de regra, a data de entrega foi escolhida por boas razões comerciais, e atrasá-la seria caro, ou mesmo catastrófico. A responsabilidade recai sobre a equipe de QA.

Como a equipe de QA deve testar o sistema quando não há tempo restante no cronograma para testá-lo? Como ela pode ser mais rápida? É fácil: não testando tudo. Teste somente as coisas que mudaram. Faça uma análise de impacto com base nas funcionalidades novas e alteradas e teste apenas as coisas impactadas. Não perca tempo testando coisas que não passaram por mudanças.

É assim que se perde o prazo dos testes. Pressionada, a equipe de QA simplesmente ignora todos os testes de regressão. Ela espera conseguir executá-los da próxima vez. Só que, muitas vezes, "a próxima vez" nunca chega.

A Doença da QA

No entanto, esse não é o pior problema que ocorre por a equipe de QA estar no final do processo. Quando essa equipe termina, como a organização sabe que ela está realizando bem seu trabalho? Pela contagem de defeitos, claro. Se estiver encontrando muitos defeitos, ela está certamente fazendo um bom trabalho. Os gerentes de QA podem divulgar o número de defeitos encontrados como evidência clara de que estão desempenhando sua função.

Desse modo, os defeitos são considerados uma *coisa boa*.

Quem mais pode se beneficiar dos defeitos? Há um ditado entre os programadores mais antigos: "Posso cumprir qualquer prazo que você definir, desde que o software não precise funcionar corretamente." Logo, quem mais se beneficia dos defeitos? Os desenvolvedores que precisam cumprir os prazos do cronograma.

Não se diz uma palavra. Não se registra nenhum acordo. Mas ambos os lados entendem que se beneficiam dos defeitos. Surge um mercado negro de defeitos. É uma doença que permeia muitas organizações e, se não é terminal, é bastante debilitante.

Os Desenvolvedores São os Testadores

A cura para todos esses problemas reside na prática dos *Testes de Aceitação*. A equipe de QA escreve os Testes de Aceitação das histórias em uma iteração. *Mas a QA não executa esses testes*. Não é função da equipe de QA verificar se o sistema passa nos testes. De quem é essa função? Dos programadores, é claro!

É função dos programadores executar os testes. É função dos programadores assegurar que o código deles seja aprovado em todos os testes. Assim, eles logicamente devem executar esses testes. Essa execução é a única maneira de os programadores determinarem se suas histórias foram concluídas.

Build Contínuo

Na realidade, os programadores automatizarão esse processo[7] por meio da configuração de um servidor de build contínuo. Esse servidor simplesmente executará todos os testes no sistema, incluindo todos os unitários e todos os de aceitação, sempre que um programador fizer check-in em um módulo. Saberemos mais a respeito quando falarmos sobre Integração Contínua.

A Equipe como um Todo

A prática da *Equipe como um Todo* foi inicialmente chamada de *Cliente no Local*. A ideia era que quanto menor a distância entre os usuários e os programadores, melhor a comunicação e mais rápido e preciso o desenvolvimento. O *cliente* era uma metáfora para alguém, ou algum grupo, que entendia as necessidades dos usuários e estava agrupada com a equipe de desenvolvimento. De preferência, o cliente estava sentado na mesma sala que a equipe.

No Scrum, o cliente é chamado de *Product Owner*. É a pessoa (ou grupo) que escolhe as histórias, define as prioridades e fornece feedback imediato.

A prática foi renomeada para *Equipe como um Todo* com o objetivo de deixar claro que uma equipe de desenvolvimento não era simplesmente uma díade cliente/programador. Em vez disso, uma equipe de desenvolvimento é composta de diversos papéis, incluindo gerentes, testadores, redatores técnicos etc. O intuito da prática é minimizar a distância física entre esses papéis. Em termos ideais, todos os membros da equipe se sentam juntos na mesma sala.

---

7. Porque automatizar as coisas é o que os programadores fazem!

Restam poucas dúvidas de que colocar toda a equipe em uma única sala maximiza sua eficiência. As pessoas podem se comunicar rapidamente e com um mínimo de formalidade. As perguntas podem ser feitas e respondidas em segundos. Os especialistas que sabem as respostas estão sempre próximos.

Além disso, existe uma oportunidade gigantesca para o feliz acaso. Um cliente no local pode olhar e ver algo na tela de um programador ou testador que não parece certo. Um testador pode ouvir as pessoas que estão programando em dupla falando sobre um requisito e perceber que chegou à conclusão errada. Esse tipo de sinergia fortuita não deve ser subestimado. Quando toda a equipe se senta no mesmo espaço, a mágica pode acontecer.

Observe que essa prática é considerada uma prática de *negócio*, e não uma prática de equipe. Isso ocorre porque as principais vantagens da prática Equipe como um Todo advêm das práticas de negócio.

Quando as equipes são agrupadas, os negócios funcionam sem sobressaltos.

AGRUPAMENTO

No início dos anos 2000, ajudei muitas organizações a adotar os métodos ágeis. Em nossas visitas preliminares, antes do início do treinamento ativo, pedíamos aos nossos clientes que organizassem as salas das equipes e agrupassem as equipes. Mais de uma vez, o cliente relatou que a eficiência das equipes aumentou, e muito, simplesmente por causa do agrupamento.

Alternativas ao Agrupamento

Na década de 1990, a internet viabilizou o proveito da enorme quantidade de mão de obra em países em que o custo desse efetivo era muito baixo. A tentação de empregar essa mão de obra era irresistível. Os olhos dos contadores brilhavam quando faziam os cálculos e percebiam o quanto podiam economizar.

Mas o sonho não dava tão certo quanto todos esperavam. Acontece que a capacidade de enviar megabits de código-fonte mundo afora não é a mesma coisa que ter uma equipe de clientes e programadores no mesmo local. As distâncias em termos de quilômetros, fusos horários, idioma e cultura ainda eram colossais. Problemas de comunicação eram descontrolados. A qualidade era severamente limitada. O retrabalho disparou vertiginosamente.[8]

Desde então, a tecnologia melhorou um pouco. As taxas de transferência de dados agora permitem sessões regulares de bate-papo por vídeo e o compartilhamento de tela. Hoje em dia, dois desenvolvedores em lados opostos do mundo conseguem programar em dupla no mesmo código, quase como se estivessem sentados um ao lado do outro — quase. Obviamente, esses avanços não resolvem os problemas de fuso horário, idioma e cultura; mas, com certeza, a programação presencial é preferível a enviar e-mails com o código-fonte.

Uma equipe ágil pode trabalhar dessa maneira? Ouvi dizer que é possível. Nunca vi isso dar certo. Talvez você tenha visto.

Trabalhando Remotamente de Casa

A melhoria na internet de banda larga também facilitou para as pessoas trabalharem de casa. Nesse caso, o idioma, o fuso horário e a cultura não são problemas expressivos. Além do mais, não há atraso nas comunicações além-mar. As reuniões de equipe podem ocorrer quase como se todos estivessem agrupados e sincronizados com os ritmos circadianos.

Não me leve a mal. Quando os membros da equipe trabalham de casa, ainda existe uma perda substancial de comunicação não verbal. Conversas fortuitas são muito mais raras. Não importa o quanto a equipe esteja conectada eletronicamente, ela ainda não está presente no mesmo espaço. Isso coloca as pessoas que trabalham de casa em uma desvantagem específica. Sempre ocorrem conversas e reuniões inesperadas que elas perdem. Apesar da banda larga enorme de dados de que podem desfrutar, elas ainda estão se comunicando de forma limitada em comparação àqueles que estão agrupados.

---

8. Essas são minhas próprias impressões baseadas em conversas com pessoas que experimentaram esses problemas diretamente. Não tenho dados reais para apresentar. *Caveat emptor.*

Quando a maioria de uma equipe está agrupada, ainda que um ou dois membros trabalhem de casa um ou dois dias por semana, isso não representa nenhum impedimento significativo, especialmente se todos tiverem investido em boas ferramentas de comunicação remota com uma excelente banda larga.

Em contrapartida, uma equipe composta de pessoas que trabalham quase inteiramente de casa nunca funcionará tão bem quanto uma equipe que está agrupada.

Não me entenda mal. No início dos anos 1990, meu parceiro Jim Newkirk e eu gerenciamos com sucesso uma equipe que não estava presente no mesmo local. Todo mundo trabalhava de casa. Nós nos encontrávamos pessoalmente duas vezes por ano, no máximo, e alguns de nós morávamos em países com fusos horários diferentes. Por outro lado, todos falávamos a mesma língua, compartilhávamos a mesma cultura e nossos fusos horários nunca ficavam com mais de duas horas de diferença. Nós fizemos funcionar. E muito bem. Mas teria funcionado ainda melhor se estivéssemos juntos na mesma sala.

Conclusão

Na reunião do Snowbird em 2000, Kent Beck disse que um dos nossos objetivos era restaurar a divisão entre negócios e desenvolvimento. As práticas orientadas aos negócios desempenham um grande papel no que diz respeito a alcançar esse objetivo. Seguindo essas práticas, os negócios e o desenvolvimento têm uma maneira simples e inequívoca de se comunicar. Essa comunicação fomenta a confiança.

PRÁTICAS DE EQUIPE
4

O entremeio do Ciclo de Vida de Ron Jeffries consiste nas Práticas Ágeis de Equipe. Essas práticas orientam o relacionamento dos membros da equipe entre si e a relação com produto que estão criando. Analisaremos as seguintes práticas: Metáfora, Ritmo Sustentável, Propriedade Coletiva e Integração Contínua.

Depois, falaremos brevemente a respeito das chamadas *Reuniões Diárias*.

METÁFORA

Nos anos anteriores e posteriores ao advento do Manifesto Ágil, a prática da *Metáfora* nos colocava em uma situação embaraçosa, porque não conseguíamos descrevê-la. Sabíamos que ela era fundamental e era possível evidenciar alguns exemplos de sucesso. Mas não conseguíamos nos expressar verdadeiramente. Em muitas de nossas palestras, cursos ou aulas, simplesmente desistimos e falamos coisas como: "Você saberá quando vir."

A ideia é que, para que a equipe se comunicasse de forma efetiva, era necessário um vocabulário restrito e disciplinado de termos e conceitos. Kent Beck chamou isso de *Metáfora,* pois a prática associava seus projetos a outra coisa, sobre a qual as equipes tinham um conhecimento comum.

O principal exemplo de Beck era uma metáfora usada em um projeto de folha de pagamento da Chrysler.[1] Tratava-se da correlação do preenchimento de um contracheque a uma linha de montagem. Os contracheques mudavam de estação para estação e "partes" eram adicionadas a eles. Um contracheque em branco passava para a estação de identificação com o objetivo de adicionar o ID do funcionário. Em seguida, ele ia para a estação de pagamento para o acréscimo do salário bruto. Depois, passava para a estação de imposto federal, e depois para a estação FICA (Lei Federal das Contribuições Securitárias), e depois para a estação Medicare (Sistema de Seguros de Saúde dos EUA)... Você entendeu a ideia.

---

1. https://en.wikipedia.org/wiki/Chrysler_Comprehensive_Compensation_System [conteúdo em inglês]

METÁFORA

Programadores e clientes poderiam facilmente adotar essa metáfora para explicar o processo de composição de um contracheque. Ela lhes fornecia a terminologia a ser utilizada quando se falava a respeito do sistema.

Contudo, as metáforas muitas vezes são mal-entendidas:

Por exemplo, no final dos anos 1980, trabalhei em um projeto que media a qualidade das redes de comunicação T1. Baixamos as contagens de erros nos endpoints de cada linha T1. Essas contagens eram coletadas em intervalos de trinta minutos. Consideramos essas fatias como dados brutos que precisavam ser cozidos. E como cozinhar fatias de dados brutos? Usando uma torradeira (ou seja, uma classe *toaster*). E assim, instauramos a metáfora do *pão*. Tínhamos fatias, pães, farelos etc.

Era um vocabulário que funcionava bem para os programadores. Conseguíamos conversar sobre fatias, pães crus e torrados etc. Por outro lado, os gerentes e clientes que nos ouviam saíam da sala balançando a cabeça. Para eles, parecia que estávamos falando coisas sem sentido.

E tenho um exemplo bem pior. No início dos anos de 1970, trabalhei em um sistema multitarefa que alternava aplicativos dentro e fora do espaço limitado de memória. Durante o tempo em que um aplicativo ocupava memória, ele carregava um buffer de texto a fim de ser enviado para um tipo de máquina teletipo lenta. À medida que o buffer ficava cheio, o aplicativo era suspenso e transferido para o disco enquanto os buffers esvaziavam lentamente. Chamávamos esses processos de *garbage trucks* [caminhão de lixo, em português], pois ele ia e voltava entre a produção, o *garbage collector* [coletor de lixo, em português] e o depósito de lixo.

Achávamos que era inteligente. Ríamos ao usar o lixo como metáfora. Na verdade, estávamos dizendo que nossos clientes eram negociantes de lixo. Por mais eficaz que a metáfora tenha sido para a nossa comunicação, ela era desrespeitosa com aqueles que estavam nos pagando. Nunca compartilhamos isso com eles.

Esses exemplos demonstram as vantagens e desvantagens da ideia de *Metáfora*. Uma metáfora pode fornecer um vocabulário que possibilita que a equipe se comunique com eficiência. Por outro lado, algumas são estúpidas a ponto de serem ofensivas para o cliente.

Design Orientado ao Domínio (DDD)

Em seu livro inovador *Domain-Driven Design,*[2] Eric Evans solucionou o problema da metáfora e finalmente nos livrou de nosso constrangimento. Nessa obra, ele cunhou o termo *Linguagem Onipresente,* o nome que deveria ter sido dado à prática da *Metáfora.* O que a equipe precisa é de uma modelagem do domínio do problema, descrito por meio de uma terminologia com a qual todos concordem. E quero dizer *todos mesmo* — os programadores, a equipe de QA, os gerentes, os clientes, os usuários... *todo mundo.*

Na década de 1970, Tom DeMarco chamou esses modelos de *Dicionários de Dados.*[3] Eles eram representações simples dos dados manipulados pelo aplicativo e dos processos que manipulavam esses dados. Evans extrapolou a ideia simples em uma disciplina de modelagem do domínio. Tanto DeMarco quanto Evans utilizam esses modelos como instrumentos para se comunicar com todas as partes interessadas.

Vejamos um exemplo singelo: escrevi recentemente um *videogame* chamado SpaceWar. Os elementos de dados eram coisas como *Ship, Klingon, Romulan, Shot, Hit, Explosion, Base, Transport* etc. Tive o cuidado de isolar cada um desses conceitos em seus próprios módulos e usar esses nomes exclusivamente em todo o aplicativo. Esses nomes eram minha Linguagem Onipresente.

A Linguagem Onipresente é usada em todas as partes do projeto. O negócio, os desenvolvedores, a equipe de QA, o pessoal de DevOps... Todos a usam. Até os clientes usam as partes da linguagem que lhes convém. Ela é compatível com o business case, com os requisitos, com o design, com a arquitetura e com os Testes de Aceitação. É uma linha de consistência que interconecta todo o projeto durante todas as fases do seu ciclo de vida.[4]

---

2. Evans, E. 2003. *Domain-Driven Design: Tackling complexity in the heart of software.* Boston, MA: Addison-Wesley.
3. DeMarco, T. 1979. *Structured Analysis and System Specification.* Upper Saddle River, NJ: Yourdon Press.
4. "É um campo de energia criado por todos os seres vivos, ela nos envolve e penetra. É o que mantém a galáxia unida." Lucas, G. 1979. *Star Wars: Episódio IV — Uma Nova Esperança.* Lucasfilm.

RITMO SUSTENTÁVEL

"Os velozes nem sempre vencem a corrida…"

— Eclesiastes 9:11

"… Mas quem perseverar até o fim, esse será salvo."

— Mateus 24:13

No sétimo dia, Deus descansou. Mais tarde, Deus fez um mandamento estabelecendo o descanso no sétimo dia. Ao que tudo indica, até Deus precisa trabalhar em um ritmo sustentável.

No início dos anos 1970, na tenra idade de 18 anos, eu e meus colegas do ensino médio fomos contratados como novos programadores para trabalhar em um projeto *criticamente importante*. Nossos *gerentes* haviam estabelecido *prazos*. Esses prazos eram *inquestionáveis*. Nossos esforços eram *imprescindíveis!* Éramos as *engrenagens cruciais* nas máquinas da organização. *Nós éramos importantes!*

Como é bom chegar à maioridade, não é?

Nós, jovens recém-saídos do ensino médio, fizemos o uso de todos os recursos possíveis. Trabalhamos horas e horas a fio, durante meses e meses. Nossa média semanal era superior a 60 horas. Havia semanas que atingíamos o pico acima de 80 horas. Virávamos noite afora trabalhando!

E *nos orgulhávamos* de todas essas horas extras. Éramos *verdadeiros* programadores. Éramos *dedicados*. Éramos *importantes*. Porque estávamos *sozinhos salvando* um projeto *importantíssimo*. Nós, os *programadores*.

E sucumbimos à exaustão — *intensamente*. A exaustão fora tão intensa, que deixamos o projeto em massa. Saímos de lá categoricamente, deixando a empresa com um sistema multitarefa que mal funcionava, sem nenhum programador competente para prestar suporte. *Eles iriam ver só!*

Como é bom ter 18 anos e estar com raiva, não é?

Não se preocupe, a empresa acabou se virando. Acabou que não éramos os únicos programadores competentes por lá. Havia pessoas que trabalhavam rigorosamente 40 horas por semana. Pessoas a quem havíamos desmerecido por não serem dedicadas e por não se animarem a participar de nossos bacanais privados de programação noite adentro. Aquelas pessoas silenciosamente tomaram as rédeas da situação e fizeram a sustentação do sistema muito bem. E, ouso afirmar, elas ficaram felizes em se livrar de nós, uma molecada raivosa e barulhenta.

TRABALHAR HORAS A FIO

Você pode achar que aprendi a lição com essa experiência. Mas é claro que não aprendi. Nos 20 anos seguintes, continuei trabalhando horas a fio para meus empregadores. Continuei com o hábito de entrar com tudo em *projetos importantes*. Mas, veja bem, eu não trabalhava insanamente como quando tinha 18 anos. Minha média semanal caiu mais ou menos 50 horas. Trabalhar noite adentro se tornou meio raro — porém, conforme veremos, isso ainda acontecia.

À medida que amadureci, percebi que meus piores erros técnicos foram cometidos durante os períodos frenéticos em que trabalhava à noite. Percebi que esses erros eram impedimentos gigantescos que eu precisava frequentemente contornar durante as horas em que estava totalmente acordado.

Então, aconteceu um evento que me fez repensar meus caminhos. Eu e meu futuro parceiro de negócios, Jim Newkirk, estávamos trabalhando na madrugada. Por volta das 2h da manhã, tentávamos descobrir como obter um dado de uma camada de baixo nível do nosso sistema para outra camada de nível mais alto na cadeia de execução. Retornar esses dados na pilha não era uma opção.

Criamos um sistema de servidor com mensageria dentro do nosso produto. Nós o usamos para enviar informações *entre* os processos. De repente, percebemos, às 2h da manhã, conforme a cafeína ganhava força em nossos corpos e todas as nossas capacidades operavam com eficiência máxima, que a camada de baixo nível do processo poderia enviar esses dados para um lugar em que a camada de alto nível poderia buscá-los.

Até hoje, mais de três décadas depois, sempre que Jim e eu queremos descrever a infeliz decisão de outra pessoa, dizemos: "Lá vem. Eles apenas criaram um sistema de mensageria que envia as coisas entre si."

Não vou aborrecê-lo com os terríveis pormenores nem entrar no cerne da questão sobre o porquê dessa péssima decisão. Basta dizer que nos custou muitas vezes o esforço que pensávamos estar poupando. E, claro, a solução ficou muito inflexível para ser revertida, logo, ficamos presos a ela.[5]

MARATONA

Foi nesse momento que aprendi que um projeto de software é uma maratona, não um sprint, tampouco uma sequência de sprints. Para ganhar, você deve manter um ritmo. Se estiver na posição de largada e correr a toda velocidade, ficará sem energia muito antes de cruzar a linha de chegada.

Assim sendo, você deve correr em um ritmo que consiga manter em longo prazo. Deve correr em um *Ritmo Sustentável.* Se tentar correr mais rápido do que o ritmo que consegue manter, precisará desacelerar e descansar antes de cruzar a linha de chegada, e sua velocidade média será mais lenta que o Ritmo Sustentável. Quando estiver perto da linha de chegada, caso tenha um pouco de energia sobrando, poderá disparar. Mas você não deve disparar antes disso.

Os gerentes podem solicitar que corra mais rápido do que deveria. Você não deve acatar essa exigência. Sua função é administrar seus recursos para garantir que aguente até o fim.

DEDICAÇÃO

Trabalhar horas a fio não é um modo de demonstrar sua dedicação ao seu empregador. Isso demonstra que você é um péssimo planejador, que concorda com prazos com os quais não se deve concordar, que faz promessas que não deve fazer, que é um trabalhador manipulável, e não um profissional.

---

5. Isso aconteceu uma década antes de eu aprender sobre DDD. Se Jim e eu estivéssemos praticando DDD naquela época, poderíamos ter suportado facilmente essa mudança.

Isso não significa que horas extras sejam ruins, tampouco que você nunca deve trabalhar horas a mais. Existem circunstâncias extenuantes cuja única opção é trabalhar mais horas. Mas elas devem ser extremamente raras. E você deve estar bastante *ciente* de que o custo dessas horas a mais provavelmente será maior que o tempo que você economiza no cronograma.

Há décadas atrás, a noite em que trabalhei com Jim não foi a última — foi a penúltima. A última vez que virei a noite foi em uma daquelas circunstâncias extenuantes sobre as quais eu não tinha controle.

Era 1995. Meu primeiro livro estava previsto para ser impresso no dia seguinte e eu tinha o compromisso de entregar as provas de página. Eram 18h e eu já estava com tudo pronto. Tudo o que precisava fazer era enviá-las por FTP ao meu editor.

Mas então, por mero acaso, me deparei com uma forma de *dobrar* a resolução dos milhares de gráficos do livro. Jim e Jennifer estavam me ajudando a preparar as provas da página, e estávamos prestes a subir tudo no FTP, quando mostrei um exemplo da tal resolução melhorada para eles.

Nós nos entreolhamos, demos um longo suspiro, e Jim disse: "Temos que refazer todos os gráficos." Não foi uma pergunta; foi uma constatação dos fatos. Nós nos entreolhamos mais uma vez, conferimos a hora, assumimos a tarefa e começamos a trabalhar.

Contudo, quando terminamos de trabalhar durante toda a noite, estávamos *acabados*. O livro foi enviado e fomos dormir.

DORMIR

O ingrediente mais precioso na vida de um programador é dormir o suficiente. Sete horas de sono para mim são o bastante. Posso tolerar um dia ou dois dormindo seis horas. Menos do que isso, a minha produtividade despenca. Faça questão de saber quantas horas de sono seu corpo precisa e, em seguida, passe a priorizá-las. Essas horas de sono vão além do que você ganha. Meu princípio básico é que a primeira hora de sono que deixei de dormir me custa duas horas de trabalho diurno. A segunda hora de sono me custa mais quatro horas de trabalho produtivo. E, é claro, não existe produtividade no trabalho se eu estiver com três horas de sono atrasado.

PROPRIEDADE COLETIVA

Ninguém é dono do código em um projeto ágil. O código pertence à equipe como um todo. Qualquer membro da equipe pode verificar e melhorar qualquer módulo do projeto a qualquer momento. O código pertence *coletivamente* à equipe inteira.

Aprendi a respeito da *Propriedade Coletiva* no início da minha carreira, enquanto trabalhava na Teradyne. Trabalhávamos em um sistema enorme composto de 50 mil linhas de código particionadas em centenas de módulos. No entanto, esses módulos não pertenciam a nenhum membro da equipe. Todos nos empenhávamos para aprender e implementar melhorias neles. Ah, alguns de nós estavam mais familiarizados com determinadas partes do código do que outros, mas procurávamos disseminar o conhecimento, em vez de retê-lo.

Esse sistema era uma rede distribuída. Existia um computador central que se comunicava com dezenas de computadores via satélite distribuídos pelo país. Esses computadores se comunicavam por meio de modens de 300 bauds [56 Kbps]. Não havia divisão entre os programadores que trabalhavam no computador central e naqueles via satélite. Todos trabalhávamos no software das duas máquinas.

Esses dois computadores apresentavam arquiteturas muito distintas. Um era semelhante a uma máquina PDP-8, exceto que tinha 18 bits. Tinha 256K de RAM e subia a partir de cartuchos de fita magnética. O outro era um microprocessador 8085 de 8 bits com 32K de RAM e 32K de ROM.

Usávamos o compilador assembler para programar. As duas máquinas tinham linguagens Assembly muito diferentes e ambientes de desenvolvimento bem distintos. Todos ficávamos à vontade em trabalhar com ambas as máquinas.

O termo *Propriedade Coletiva* não significa que você não pode se especializar. À medida que os sistemas ganham complexidade, a especialização se torna uma necessidade primordial. Existem sistemas que simplesmente não podem ser entendidos em sua totalidade e em detalhes. No entanto, mesmo que se especialize, você também deve ser generalista. Divida seu trabalho entre sua especialidade e outros campos de atuação em programação. Assegure sua habilidade de trabalhar fora de sua especialidade.

Quando uma equipe usa a prática da *Propriedade Coletiva,* o conhecimento é distribuído entre todos. Cada membro da equipe compreende melhor os limites entre os módulos e o modo geral como o sistema funciona. Isso melhora radicalmente a capacidade da equipe de se comunicar e tomar decisões.

Em minha longa carreira, testemunhei algumas empresas que praticavam o oposto da *Propriedade Coletiva.* Cada programador era dono de seus próprios módulos e ninguém mais podia encostar neles. Eram equipes extremamente desestruturadas que muitas vezes tinham problemas de comunicação e acusações entre si. O progresso em um módulo estacionava quando o criador dele não estava no trabalho. Ninguém mais se atrevia a trabalhar em algo pertencente a outra pessoa.

Um Tal de Arquivo X

Um caso particularmente atribulado foi o da empresa X, que produzia impressoras de última geração. Nos anos 1990, a empresa estava passando por uma transição de um foco predominante em hardware para um foco integrado em hardware e software. Eles perceberam que poderiam reduzir substancialmente seus custos de fabricação se usassem software para controlar a operação interna de suas máquinas.

No entanto, o foco em hardware era profundamente arraigado, de modo que os grupos de software foram divididos da mesma forma que os de hardware. As equipes de hardware eram organizadas de acordo com o equipamento: havia equipes respectivas de hardware para o cabo alimentador, para a impressora, para o escaninho de saída, para o grampeador etc. O software era organizado de acordo com os mesmos equipamentos. Uma equipe escrevia o software de controle para o cabo alimentador, outra para o grampeador e assim por diante.

Nessa tal empresa X, sua influência política dependia do equipamento em que você trabalhava. Como X era uma empresa de impressoras, o equipamento de maior prestígio era a impressora. Os engenheiros de hardware que trabalhavam na impressora precisavam subir na hierarquia para chegar lá. Os caras que trabalhavam com o grampeador eram zés-ninguém.

Curiosamente, esse mesmo sistema de hierarquia política se aplicava às equipes de software. Os desenvolvedores que escreviam o código do escaninho não tinham nenhuma influência política; mas se um desenvolvedor de impressoras falasse em uma reunião, todo mundo ouvia com atenção. Por conta dessa divisão política, ninguém compartilhava seu código. O segredo da influência política da equipe da impressora estava guardado a sete chaves no código da impressora. Logo, ninguém tinha acesso a ele. Ninguém fora dessa equipe podia vê-lo.

Isso ocasionou uma legião de problemas. Ocorrem dificuldades evidentes de comunicação quando você não pode inspecionar o código que está usando. Ocorrem também as acusações inevitáveis e as punhaladas pelas costas.

Mas o pior de tudo isso era a total e absurda duplicação de código. Acontece que as coisas para o software de controle de um cabo alimentador, de uma impressora, de um escaninho e de um grampeador não são tão diferentes. Todos esses softwares tinham que controlar motores, relés, solenoides e embreagens da impressora com base em entradas externas e sensores internos. A estrutura interna básica desses módulos era a mesma. E, no entanto, devido a todas as salvaguardas políticas, cada equipe teve que reinventar suas próprias rodas de modo independente.

Ainda mais importante, a própria ideia de que o software deveria ser dividido em linhas de hardware era absurda. O sistema de software não precisava controlar de modo independente o cabo alimentador e a impressora.

O desperdício de recursos humanos, sem contar o desgaste emocional e a atitude contraditória, resultou em um ambiente muito desagradável. Acredito que esse ambiente foi determinante, pelo menos em parte, para sua consequente ruína.

Capítulo 4 Práticas de Equipe

Integração Contínua

Nos primórdios da agilidade, a prática de *Integração Contínua* significava que os desenvolvedores verificavam as próprias mudanças no código-fonte e as integravam à *main line* em "poucas horas".[6] Todos os testes unitários e de aceitação continuavam sendo aprovados. Nenhum branch da funcionalidade ficava de fora da integração. Quaisquer mudanças que não deveriam estar ativas quando se fazia o deploy eram tratadas por meio do botão do tipo toggle ou switch.

No ano 2000, em uma de nossas turmas de imersão em XP, um aluno foi surpreendido por uma armadilha clássica. Eram aulas de imersão intensa. Reduzimos os ciclos para iterações de um dia. O ciclo de Integração Contínua ficava entre quinze a trinta minutos.

O aluno em questão estava trabalhando em uma equipe de seis desenvolvedores, cinco dos quais faziam check-in com mais frequência do que ele. (Ele não estava programando em dupla por algum motivo — vai entender.) Infelizmente, o aluno não fez integração de seu código por mais de uma hora.

Quando ele por fim tentou fazer o check-in e integrar suas mudanças, descobriu que havia muitas outras alterações acumuladas e que a execução do merge demorava muito tempo para começar. À medida que ele se debatia com esse merge, os outros programadores continuavam fazendo check-ins em quinze minutos. Quando finalmente conseguiu executar o merge e tentou realizar o check-in do seu código, ele descobriu que tinha outro merge para executar.

Ele ficou tão frustrado que se levantou no meio da aula e falou em voz alta: "A XP não funciona." Depois, saiu da sala de aula e foi para o bar do hotel.

Então, um milagre aconteceu. O parceiro que ele havia rejeitado foi atrás dele com o objeto de convencê-lo. Os outros colegas repriorizaram o trabalho, terminaram a execução do merge e voltaram à ativa no projeto. Trinta minutos depois, o aluno, agora muito mais calmo, voltou à sala, pediu desculpas e retomou o trabalho — incluindo a

---

6. Beck, K. 2000. *Extreme Programming Explained: Embrace change.* Boston, MA: Addison-Wesley, p. 97 [No Brasil, *Programação Extrema (XP) Explicada*].

programação em dupla. Posteriormente, ele se tornou um defensor ferrenho do desenvolvimento ágil.

A questão é: a Integração Contínua só funciona se você integrar continuamente.

E Então, Fez-se o Build Contínuo

Em 2001, a ThoughtWorks mudou o jogo de modo significativo. Eles criaram o *CruiseControl*,[7] a primeira ferramenta de *build contínuo*. Recordo-me de Mike Two[8] ministrando uma palestra tarde da noite a respeito disso em uma imersão XP naquele ano. A palestra não foi gravada, mas a história foi mais ou menos assim:

> *O CruiseControl possibilita que o tempo de check-in diminua para alguns minutos. Até a menor mudança é integrada de modo rápido à mainline. O CruiseControl observa o sistema de controle do código-fonte e inicia a execução de um build sempre que se faz o check-in de qualquer mudança. Como parte do build, o CruiseControl executa a maioria dos testes automatizados para o sistema e envia um e-mail para todos da equipe com os resultados.*

> *"Bob, quebrou build."*

> *Implementamos uma regra simples a respeito de quebrar o build. No dia em que você quebrar o build, use uma camiseta com a seguinte frase: "Eu quebrei o build" — e ela nunca será lavada.*

Desde então, muitas outras ferramentas de build contínuo foram criadas. Dentre elas estão o *Jenkins* (ou seria *Hudson*?), o *Bamboo* e o *TeamCity*. Essas ferramentas permitem reduzir o tempo entre integrações ao mínimo. O "em poucas horas" original de Kent foi substituído por "em poucos minutos". A Integração Contínua se tornou o Check-in Contínuo.

---

7. https://en.wikipedia.org/wiki/CruiseControl [conteúdo em inglês]
8. http://wiki.c2.com/?MikeTwo [conteúdo em inglês]

A Disciplina do Build Contínuo

O build contínuo *nunca* deve quebrar. Ou seja, para evitar usar a camiseta suja de Mike Two, cada programador executa todos os Testes de Aceitação e todos os testes unitários antes de realizar o check-in do código. (Dãããã!) Então, se o build quebrar, algo de errado não está certo.

Mike Two também abordou essa questão em sua palestra. Ele descreveu o calendário colocado em posição de destaque na parede da sala da equipe. Era um daqueles pôsteres grandes que tinham um quadrado para todos os dias do ano.

Quando se quebrava o build, ainda que uma vez, eles marcavam o dia em vermelho. Quando o build nunca era quebrado, eles marcavam com um ponto verde. Bastou essa simples visualização para transformar um calendário basicamente de pontos vermelhos em um calendário de pontos verdes dentro de um mês ou dois.

Parem as Máquinas

Mais uma vez: o build contínuo nunca deve quebrar. A quebra de um build contínuo é uma situação de *Parem as Máquinas*. Quero que disparem os alarmes. Quero uma grande luz vermelha acesa no escritório do CEO. Um build quebrado é uma *Situação de Grande Impacto*. Quero que todos os programadores parem o que estão fazendo e se reúnam a fim de verificar o que está acontecendo. O mantra da equipe deve ser *O Build Nunca Quebra*.

O Custo da Trapaça

Houve equipes que, quando pressionadas por causa do prazo, permitiram que o build contínuo permanecesse quebrado. Isso é suicídio. O que acontece é que todo mundo se cansa da enxurrada constante de e-mails disparados devido à falha do servidor de build contínuo, com o intuito de remover os testes que falharam e com a promessa de corrigi-los "mais tarde".

Obviamente isso faz com que o servidor do build contínuo comece a enviar e-mails com sucesso novamente. Todo mundo relaxa. O build está funcionando. E todo mundo se esquece da pilha de testes que deram errado que foram separados para serem corrigidos "mais tarde". E assim um sistema quebrado é implementado.

REUNIÕES DIÁRIAS

No decorrer dos anos, tem havido muita confusão sobre "The Daily Scrum" e as "Reuniões Diárias" (vulgo *Standup Meeting*). Deixe-me esclarecer essa confusão.

Segue o que se aplica à Reunião Diária:

- Esta reunião é opcional. Muitas equipes seguem com as coisas muito bem sem ter uma.

- Pode ter uma frequência menor do que diariamente. Opte pelo cronograma que se adeque à sua realidade.

- Deve durar cerca de dez minutos, ainda que a equipe seja grande.

- Essa reunião segue uma fórmula simples.

A ideia básica é que os membros da equipe fiquem de pé[9] em um círculo e respondam às seguintes perguntas:

1. O que fiz desde a última reunião?

2. O que farei até a próxima reunião?

3. Existe algum impedimento em meu caminho?

Isso é tudo. Sem discussão. Sem formalidades. Sem explicações aprofundadas. Sem frieza e sem pensamentos negativos. Não há queixas sobre Jean e Joan ou sabe-se lá sobre quem mais. Todos têm cerca de trinta segundos para responder a essas três perguntas. Depois, a reunião termina e todos voltam ao trabalho. Pronto. Acabou. *Capisce?*

---

9. Por isso se chama *Standup Meeting*, em inglês. No Brasil, também é conhecida como Reunião em Pé.

Porcos e Galinhas?

Não vou repetir a fábula do porco e da galinha. Você pode ler a nota de rodapé[10] caso tenha interesse. O espírito da coisa é que somente os desenvolvedores devem falar na reunião. Os gerentes e outras pessoas podem ouvir, mas não devem interferir.

Do meu ponto de vista, não me importo com quem fala, desde que todos sigam a mesma regra de três perguntas e a reunião dure dez minutos.

Gratidão

Uma modificação de que gostei foi o acréscimo de uma quarta pergunta opcional à lista:

- A quem você diria "obrigado"?

É uma pequena forma de agradecer a alguém que o ajudou, ou que fez algo que você acredita merecer reconhecimento.

Conclusão

A metodologia ágil é um conjunto de princípios, práticas e disciplinas que ajudam pequenas equipes a criar pequenos projetos de software. As práticas descritas neste capítulo auxiliam essas pequenas equipes a se comportarem como verdadeiras equipes. Elas as ajudam a definir o vocabulário usado para se comunicar e as expectativas de como os membros da equipe se comportarão entre si e em relação ao projeto que estão construindo.

---

10. https://en.wikipedia.org/wiki/The_Chicken_and_the_Pig

Práticas Técnicas

As práticas deste capítulo descrevem uma mudança drástica na forma como a maioria dos programadores se comportou nos últimos setenta anos. Elas garantem a execução de um conjunto significativo de comportamentos ritualísticos com o passar do tempo que, a princípio, boa parte dos programadores considera um absurdo. Consequentemente, muitos deles tentaram implementar a agilidade sem essas práticas. No entanto, não tiveram sucesso porque elas são os alicerces da agilidade. Sem o TDD, a Refatoração, o Design Simples e, sim, até mesmo sem a Programação em Dupla, a agilidade se torna uma sombra inexpressiva e estéril do que deveria ser.

DESENVOLVIMENTO ORIENTADO A TESTES

O *Desenvolvimento Orientado a Testes* é um assunto rico e complexo, digno de um livro inteiro. Este capítulo apresenta somente uma visão geral que foca mais a justificação e a motivação do que os aspectos técnicos mais aprofundados da prática. Agora, em particular, não veremos nenhum código.

Os programadores desempenham uma profissão singular. Produzimos uma vasta quantidade de documentos com teor profundamente técnico, cheio de símbolos e mistérios. Cada símbolo escrito nesses documentos deve estar correto, senão, coisas terríveis podem acontecer. Um símbolo errado pode resultar na perda de fortunas e vidas. Qual outra profissão é assim?

A contabilidade. Os contadores produzem uma quantidade gigantesca de documentos com teor profundamente técnico, cheio de símbolos e misterioso. Cada símbolo registrado em seus documentos deve estar correto, para que não se percam fortunas e, possivelmente, até vidas. Como os contadores asseguram que todos os símbolos estejam corretos?

MÉTODO DAS PARTIDAS DOBRADAS

Os contadores têm um método que foi inventado há mil anos. Chama-se *método das partidas dobradas.*[1] Cada transação que eles registram em seus livros é inserida duas vezes: uma como crédito em um conjunto de

---

1. https://en.wikipedia.org/wiki/Double-entry_bookkeeping_system [conteúdo em inglês].
   Em português: https://pt.wikipedia.org/wiki/M%C3%A9todo_das_partidas_dobradas

DESENVOLVIMENTO ORIENTADO A TESTES

contas e outra como débito complementar em outro conjunto de contas. Essas contas acabam sendo disponibilizadas em um único documento chamado *balanço patrimonial,* que subtrai a soma dos passivos e ações a partir da soma dos ativos. Essa diferença deve ser zero. Se não for zero, algum erro foi cometido.[2]

Logo no início de sua formação, contadores são ensinados a registrar as transações uma por vez e sempre calcular o saldo. Isso lhes possibilita detectar rapidamente os erros. Eles aprendem a *evitar* um registro de um lote de transações entre as verificações de saldo, pois seria difícil identificar os erros. Essa prática é tão essencial para a contabilidade propriamente dita do dinheiro que se tornou um *cânone* em basicamente todas as partes do mundo.

O *Desenvolvimento Orientado a Testes* é a prática correspondente para os programadores. Todo comportamento exigido é inserido duas vezes: uma vez como teste e depois como código de produção, para que o teste seja aprovado. As duas entradas são complementares, assim como os ativos são complementares aos passivos e ações. Quando executadas juntas, as duas entradas geram zero como resultado: zero falhas nos testes.

Os programadores que aprendem sobre TDD são ensinados a registrar todos os comportamentos, um de cada vez — uma vez como um teste que falha e, depois, como um código de produção que passa nos testes. Isso lhes permite detectar rapidamente os erros. Eles aprendem a evitar escrever muito código de produção e a acrescentar um lote de testes, pois seria difícil identificar os erros.

Esses dois métodos, o método das partidas dobradas e o TDD, são equivalentes. Ambos têm o mesmo propósito: evitar erros em documentos de importância crucial, nos quais todos os símbolos devem ser registrados de forma correta. A despeito do grau de relevância da programação em nossa sociedade, ainda não infundimos o TDD como prática de lei. Mas, considerando que vidas e fortunas já foram perdidas pelos caprichos de softwares mal desenvolvidos, o quanto estamos longe de integrar essa prática?

---

2. Se você já estudou contabilidade, provavelmente está com os cabelos em pé. Sim, fiz uma simplificação grosseira. Por outro lado, se eu descrevesse o TDD em um único parágrafo, todos os programadores estariam de cabelo em pé.

As Três Regras do TDD

O TDD pode ser descrito em três regras simples:

- Não escreva nenhum código de produção antes de elaborar um teste que falhou devido à falta desse mesmo código.

- Não escreva mais testes do que o suficiente para identificação da falha — e falhas na compilação ainda contam como falhas.

- Não escreva mais códigos de produção do que o suficiente para passar nos testes.

Talvez um programador com poucos meses de experiência ache essas regras mirabolantes, se não absolutamente estúpidas. Elas sugerem um ciclo de programação que dure talvez cinco segundos. O programador começa escrevendo um código de teste para o código de produção que ainda não existe. Este teste falha ao compilar quase imediatamente, porque destaca elementos do código de produção que ainda não foram desenvolvidos. O programador deve parar de escrever o teste e começar a escrever o código de produção. No entanto, depois de alguns comandos, o teste que falhou na compilação agora é compilado de forma adequada. Isso obriga o programador a retornar ao teste e continuar a adicioná-lo.

Essa oscilação entre o teste e o código de produção dura apenas alguns segundos e os programadores ficam presos nesse ciclo. Eles não conseguirão escrever uma função inteira, nem mesmo uma simples declaração *if* ou *loop while*, sem pararem para desenvolver o código de teste complementar.

De início, a maioria dos programadores enxerga isso como uma ruptura de seus processos de pensamento. Esse obstáculo contínuo imposto pelas Três Regras os impede de avaliar cuidadosamente o código que estão escrevendo. Muitas vezes eles acham que as Três Regras criam uma distração intolerável.

Apesar disso, imagine um grupo de programadores seguindo essas Três Regras. Escolha qualquer um deles, a qualquer momento. Tudo em que o programador estava trabalhando foi executado e passou em todos os testes a menos de um minuto. Não importa quem você escolhe ou quando escolhe — tudo funciona em menos de um minuto.

DEBUGGING

Como seria se tudo *sempre* funcionasse em menos de um minuto? O quanto você teria que debugar? Se tudo funcionasse em menos de um minuto, basicamente qualquer falha que você detectasse teria menos de um minuto. Geralmente, debugar uma falha adicionada de última hora é simples. Na verdade, usar o debugging com o intuito de identificar o problema provavelmente é um exagero.

Você tem as habilidades para usar o debugger? Já memorizou suas teclas de atalho? Já consegue pressionar automaticamente essas teclas para definir os *breakpoints*, o *single-step*, o *stepping over* e o *stepping into*? Ao debugar, você sente que está vendo seus elementos? *Essa não é uma habilidade desejável.*

O único modo de você ficar bom em usar um debugger é passar um bom tempo debugando. Mas passar um bom tempo debugando sugere que existem muitos bugs. Os desenvolvedores orientados a testes não são lá muito bons em utilizar o debugger porque simplesmente não o utilizam com tanta frequência e, quando o usam, normalmente é durante pouco tempo.

Não quero passar uma falsa impressão. Até o melhor desenvolvedor orientado a testes ainda se depara com bugs difíceis. Ainda é um software; ainda é difícil. Mas a incidência e a gravidade dos erros são imensamente reduzidas pela prática das Três Regras.

DOCUMENTAÇÃO

Você já fez a integração de um pacote de outra pessoa? Provavelmente ele veio em um arquivo zip com algum código-fonte, DLLs, arquivos JAR etc. Um dos arquivos desse repositório talvez fosse um PDF com as instruções para integração. No final do PDF, talvez houvesse um apêndice horroroso com todos os exemplos de código.

Qual foi a primeira coisa que você leu nesse documento? Se você é programador, foi direto para o final e leu os exemplos de código, porque o código lhe dirá a verdade.

Ao seguir as Três Regras, os testes que você acaba escrevendo se tornam os exemplos de código para o sistema como um todo. Se quiser saber como chamar uma função de API, existem testes que chamam essa função de todas as formas possíveis e imagináveis, capturando todas as exceções que podem ser lançadas. Se quiser saber como criar um objeto, existem testes que criam esse objeto de todas as formas possíveis.

Os testes são uma forma de documentação que descreve o sistema que está sendo testado. Esta documentação está escrita em uma linguagem que os programadores conhecem fluentemente. É tão inequívoca e formal quando executada que não fica de fora da sincronização do código do aplicativo. Os testes são o tipo *perfeito* de documentação para programadores: o código.

Além do mais, os testes não constituem um sistema por si só; eles são independentes um do outro. Ou seja, não existem dependências entre eles. Cada teste é uma unidade de código pequena e independente que descreve a maneira como uma parte minúscula do sistema se comporta.

DIVERSÃO

Caso já tenha escrito testes após algumas tentativas, sabe que não é lá muito divertido porque já sabe que o código funciona. Você o testou de forma manual. Possivelmente está escrevendo esses testes porque alguém lhe disse que precisava. Parece encheção de linguiça. É chato.

Quando você elabora os testes de acordo com as Três Regras, é divertido. Cada teste novo é um desafio. Sempre que você passa no teste, é uma pequena vitória. Seu trabalho, conforme segue as Três Regras, é uma cadeia de pequenas vitórias e desafios. Não parece encheção de linguiça — é fazer com que as coisas funcionem.

COMPLETUDE

Agora, vamos voltar às tentativas posteriores de testes. Por alguma razão, você se sente obrigado a escrevê-los, ainda que tenha testado o sistema manualmente e já saiba que funciona. Você avança, teste após teste, nada surpreso por eles passarem.

Fatalmente chegará a um teste difícil de escrever porque quando você desenvolveu o código não estava pensando na testabilidade e não o projetou para ser testável. Para elaborar um teste para esse código, será preciso modificar a estrutura quebrando alguns acoplamentos, acrescentando algumas abstrações e/ou redirecionando algumas chamadas e argumentos de função. Parece muito esforço, sobretudo porque você já sabe que o código funciona.

O cronograma está apertado, e você sabe que tem coisas mais urgentes a fazer. Logo, deixa esse teste de lado. Você se convence de que é algo desnecessário ou que voltará a escrevê-lo mais tarde. Assim, deixa uma brecha na suíte de testes.

E, uma vez que *você* deixou brechas na suíte de testes, suspeita que todos os outros também tenham deixado. Ao executá-las e ver tudo passar, você se diverte, sorri maliciosamente ou levanta as mãos de modo irônico porque sabe que o fato da suíte de testes passar não indica que o sistema está funcionando.

Quando a suíte de testes passa, não existe nenhuma decisão a se tomar. A única informação que os testes aprovados fornecem é que nada do que foi *testado* está quebrado. A incompletude da suíte de testes lhe deixa sem opções. No entanto, se seguir as Três Regras, cada linha do código de produção será escrita para fazer com que um teste seja aprovado. Assim, a suíte de testes é bem completa. Quando o teste passa, é possível tomar uma decisão. Essa decisão é *fazer o deploy.*

Esse é o objetivo. Queremos criar uma suíte de testes automatizados que nos informem que é seguro fazer o deploy do sistema.

Agora, mais uma vez, não quero passar uma falsa impressão. A adoção das Três Regras lhe fornecerá uma suíte de testes bem completa, mas provavelmente não será 100%. Isso ocorre porque há situações em que seguir as Três Regras não é nada prático. Essas situações fogem ao escopo deste livro, salvo que são limitadas e existem soluções para mitigá-las. O resultado é que mesmo os adeptos mais diligentes das Três Regras provavelmente não criarão uma suíte de testes 100% completa.

Mas não é necessário 100% de completude para tomar a decisão de implementação. Uma abrangência de 85% é possivelmente tudo que precisamos — e esse tipo de completude é totalmente possível.

Criei suítes de teste tão completas que permitem que a decisão de implementação seja tomada. Já vi outras pessoas fazerem isso também. Em cada um desses casos, a completude era inferior a 100%, porém alta o bastante para se tomar uma decisão de implementação.

> ## Aviso
>
> A cobertura do teste é uma métrica da equipe, não uma métrica de gerenciamento. É bastante improvável que os gerentes saibam o que a métrica significa. *Gerentes não devem usar essa métrica como meta ou objetivo.* A equipe deve usá-la apenas para informar sua estratégia de teste.

> ## Para Não Dizer que Não Avisei
>
> *Não falhe em executar o build com base em uma cobertura insatisfatória.* Caso faça isso, os programadores serão obrigados a remover asserções suficientes de seus testes para obter índices de cobertura suficientemente altos. A cobertura de código é um assunto complexo que só pode ser entendido quando se tem um profundo conhecimento relacionado ao código e aos testes. Não permita que isso se transforme em uma métrica de gerenciamento.

DESIGN

Você se lembra daquela função difícil de testar após algumas tentativas? Talvez ela seja difícil de testar porque está associada a comportamentos que você prefere não executar no teste. Por exemplo, ela pode ativar uma máquina de raio-x ou excluir linhas de um banco de dados. É difícil testar a função porque ela não foi projetada para ser fácil de testar. Primeiro, você escreveu o código e agora está elaborando os testes porque pensou bem e voltou atrás. Nem passou pela sua cabeça fazer o design levando em conta a testabilidade quando escreveu o código.

Agora, você se depara com o redesign do código para testá-lo. Você olha para o relógio e percebe que todos esses testes já levaram muito tempo. Como já testou manualmente o código e sabe que funciona, vira as costas, deixando mais um brecha na suíte de testes.

Mas, quando o teste é escrito primeiro, algo completamente diferente ocorre. Você *não pode* escrever uma função difícil de testar. Como está elaborando primeiro o teste, você naturalmente projetará a função que está testando para ser fácil de testar. Como fazer com que as funções sejam fáceis de testar? Usando o desacoplamento. Na realidade, a testabilidade é apenas um sinônimo de desacoplamento.

Ao escrever primeiro os testes, você desacoplará o sistema de uma maneira que nunca havia pensado antes. Todo o sistema será testável; portanto, será desacoplado.

Por isso, muitas vezes o TDD é chamado de técnica de design. As Três Regras o impelem rumo a um nível bem maior de desacoplamento.

CORAGEM

Até agora, vimos que seguir as Três Regras oferece uma boa dose de vantagens: menos debugging, um bom volume e redução da documentação, diversão, completude e desacoplamento. Mas essas são apenas as vantagens complementares. Nenhuma delas é a principal motivação para praticar o TDD. A principal motivação é a coragem.

Já contei essa história no início do livro, mas vale a pena repeti-la.

Imagine que você esteja analisando um código antigo em sua máquina e ele está uma zona. Você pensa consigo mesmo: "Eu deveria limpá-lo." Em seguida, pensa: "Não vou pôr a mão nisso!", porque sabe que, se pôr a mão no código, vai quebrá-lo; e se quebrá-lo, esse código passará a ser seu. Então, você vira as costas para o código, deixando-o apodrecer e se deteriorar.

É uma reação medrosa. Você tem medo do código; tem medo de pôr a mão nele; tem medo do que acontecerá com você se quebrá-lo. Logo, não consegue fazer a única coisa que pode melhorar o código: não consegue limpá-lo.

CAPÍTULO 5 PRÁTICAS TÉCNICAS

Se todo mundo na equipe se comportar dessa forma, o código apodrece. Ninguém o limpará. Ninguém fará melhorias. Cada funcionalidade adicionada será acrescentada de forma a minimizar o risco imediato para os programadores. Acoplamentos e duplicações serão adicionados porque atenuam o risco imediato, ainda que corrompam o design e a integridade do código.

Mais cedo ou mais tarde, ele se tornará um código espaguete tão denso e insustentável que será quase impossível fazer algum progresso. As estimativas crescerão exponencialmente. Os gerentes entrarão em desespero. Cada vez mais programadores serão contratados na esperança de aumentar a produtividade, só que ela nunca aumentará.

Por fim, completamente desesperados, os gerentes acatam as exigências dos programadores de que todo o sistema seja reescrito do zero, e o ciclo recomeçará.

Imagine um cenário diferente. Volte para a sua máquina com o código bagunçado, se o primeiro pensamento foi limpá-lo. E se você tivesse uma suíte de testes tão completa em que pudesse confiar? E se essa suíte fosse executada de forma rápida? Qual seria o seu próximo pensamento? Seria mais ou menos este:

> *Nossa, acho que vou mudar o nome dessa variável. Ah, os testes ainda passam. OK, agora vou dividir essa função enorme em duas funções menores... Bom, os testes ainda passam.... OK, agora acho que posso mudar uma dessas funções novas para uma classe diferente. Oops! Os testes falharam. Voltando... Ah, entendi, eu precisava mudar essa variável também. Sim, os testes ainda passam...*

Quando se tem uma suíte de testes completa, você perde o medo de alterar o código; perde o medo de *limpá-lo*. Logo, você o *limpa*. Assim, manterá o sistema limpo e organizado. Manterá o design do sistema intacto. *Não* criará um código espaguete apodrecido que arrastaria a equipe rumo ao marasmo da baixa produtividade e ao eventual fracasso.

É por isso que colocamos o TDD em prática. Nós o praticamos porque ele nos dá a coragem de manter o código limpo e ordenado; nos encoraja a agir como profissionais.

REFATORAÇÃO

A *refatoração* é outro assunto que exige um livro. Felizmente, Martin Fowler já tem um excelente livro a respeito.[3] Neste capítulo, apenas abordarei o assunto, não as técnicas específicas. Novamente, não há código aqui.

A refatoração é a prática de *melhorar* a estrutura do código sem alterar o comportamento, conforme definido pelos testes. Dito de outro modo, fazemos alterações nos nomes, nas classes, nas funções e nas expressões sem quebrar nenhum dos testes. Melhoramos a estrutura do sistema sem interferir no comportamento.

Claro que essa prática casa perfeitamente com o TDD. Para refatorar o código sem medo, precisamos de uma suíte de testes que nos passe bastante confiança de que não estaremos quebrando nada.

Os tipos de mudanças feitas durante a refatoração variam de superficiais a reestruturações profundas. Elas podem ser simples mudanças de nome ou reorganizações complexas de instruções switch para polimorfismo com despacho. As funções maiores serão divididas em menores com nomes melhores. As listas de argumentos serão transformadas em objetos. As classes com muitos métodos serão divididas em classes menores. As funções passarão de uma classe para outra. As classes serão extraídas em subclasses ou classes internas. As dependências serão revertidas e os módulos serão deslocados por meio dos limites da arquitetura.

E, ao mesmo tempo em que tudo isso acontece, prosseguimos com os testes.

---

3. Fowler, M. 2019. *Refactoring: Improving the design of existing code*, 2º ed. Boston, MA: Addison-Wesley.

Vermelho/Verde/Refatore

O processo de refatoração está intimamente relacionado com as Três Regras do TDD e é conhecido como ciclo Vermelho/Verde/Refatore (Figura 5.1).

Figura 5.1 O ciclo Vermelho/Verde/Refatore

1. Primeiro, escreva um teste que falhe.
2. Depois, faça com que o teste passe.
3. Em seguida, limpe o código.
4. Volte para a etapa 1.

A ideia aqui é que escrever um código que *funcione* e escrever um código que seja *limpo* são duas dimensões separadas da programação. Tentar controlar ambas as dimensões ao mesmo tempo é, na melhor das hipóteses, complicado, então, as separamos em duas atividades distintas.

Em outras palavras, já é custoso o bastante fazer o código funcionar, imagine fazer sua limpeza. Desse modo, primeiro nos concentramos em fazer com que o código funcione por meio de quaisquer ideias loucas vindas de nossas cabeças. Em seguida, depois que estiver funcionando, com a aprovação dos testes, limpamos a bagunça que fizemos.

Isso deixa claro que a refatoração é um processo *contínuo*, e não um processo executado de forma planejada. Não ficamos bagunçando as coisas por dias e depois tentamos limpar a bagunça. Ao contrário, fazemos o mínimo de bagunça, durante um minuto ou dois, e depois a limpamos.

A palavra *Refatoração* nunca deve aparecer em um cronograma. Esse não é o tipo de atividade que aparece em um planejamento. Não reservamos tempo para refatorar. A refatoração simplesmente faz parte da nossa abordagem diária para escrever o software.

REFATORAÇÕES MAIORES

Vez ou outra, os requisitos mudam de tal forma que você se dá conta de que o design e a arquitetura atuais do sistema estão aquém do ideal, sendo necessária uma mudança substancial e estrutural do sistema. Essas mudanças são realizadas *dentro* do ciclo Vermelho/Verde/Refatore. Não criamos um projeto com o intuito de alterar especificamente o design. Não reservamos tempo no cronograma para refatorações tão grandes. Ao contrário, fazemos a migração do código um passinho de cada vez, ao mesmo tempo que prosseguimos com o acréscimo das funcionalidades novas durante o ciclo ágil de costume.

Tal mudança no design pode ocorrer durante vários dias, semanas ou até meses. Nesse período, o sistema continua a passar em todos os testes e pode ser implementado em produção, ainda que a transição do design esteja parcialmente concluída.

DESIGN SIMPLES

A prática do Design Simples é um dos objetivos da Refatoração. É a prática de escrever apenas o código necessário com uma estrutura que o deixe mais simples, menor e mais expressivo.

As regras de Kent Beck para o Design Simples são:

1. Execute todos os testes.

2. Expresse a intenção.

3. Elimine a duplicação.

4. Reduza os elementos.

Esses números estão ordenados conforme a ordem de execução e a prioridade que lhes são atribuídas.

A regra 1 fala por si só. O código deve ser executado e passar em todos os testes; ele deve funcionar.

A regra 2 afirma que, depois que o código é escrito para funcionar, ele deve ser expressivo. Deve revelar a intenção do programador, ter legibilidade e ser autodescritivo. É aqui que aplicamos muitas das refatorações mais simples e superficiais. Dividimos também as funções grandes em funções menores, nomeando-as de um jeito melhor.

A regra 3 alega que, depois de o código estar o mais descritivo e expressivo possível, procuramos eliminar quaisquer que sejam as duplicações nele. Não queremos que ele informe a mesma coisa mais de uma vez. Durante essa atividade, as refatorações são geralmente mais complicadas. Algumas vezes, para eliminar a duplicação, basta apontar o código duplicado para uma função e chamá-la a partir de diversos lugares. Outras vezes, exige soluções mais interessantes, como o *Design Patterns*:[4] *Template Method, Strategy, Decorator* ou *Visitor*.

A regra 4 mostra que, uma vez eliminada a duplicação, devemos nos esforçar para reduzir o número de elementos estruturais, como classes, funções, variáveis etc.

O objetivo do Design Simples é fazer com que a *magnitude do design* do código seja a menor possível.

A Magnitude do Design

Os designs de um sistema de software oscilam de bem simples a excepcionalmente complexos. Quanto mais complexo o design, maior o esforço cognitivo dos programadores. Esse esforço cognitivo é a *Magnitude do Design*. Quanto maior essa magnitude, mais tempo e esforço são necessários para os programadores entenderem e operarem o sistema.

---

4. O Design Patterns foge ao escopo desse livro. Veja Gamma, E., R. Helm, R. Johnson e J. Vlissides. 1995. *Design Patterns: Elements of reusable object-oriented software*. Reading, MA: Addison-Wesley [No Brasil, *Padrões de Projetos: Soluções reutilizáveis de software orientados a objetos*].

Do mesmo modo, a complexidade dos requisitos também varia de muito baixa a demasiadamente alta. Quanto maior a complexidade dos requisitos, mais tempo e esforço são necessários para entender e operar o sistema.

No entanto, uma coisa não depende da outra. Requisitos complexos podem ser *simplificados* usando um design mais complexo. Muitas vezes, os prós e os contras são convenientes. A complexidade geral do sistema pode ser mitigada escolhendo o design apropriado para um conjunto de funcionalidades existente.

Conquistar esse equilíbrio de design e complexidade no que diz respeito às funcionalidades é o objetivo do Design Simples. Usando essa prática, os programadores refatoram constantemente o design do sistema a fim de equilibrá-lo com os requisitos e, desse modo, assegurar o máximo de produtividade.

Programação em Dupla

A prática de *Programação em Dupla* ou *Programação Pareada* tem sido alvo de muita controvérsia e desinformação ao longo dos anos. Muita gente reage negativamente à ideia de que duas (ou mais) pessoas possam trabalhar produtiva e colaborativamente no mesmo problema.

Antes de mais nada, a programação em dupla é opcional. Ninguém é obrigado a fazê-la. Além do mais, é uma prática intermitente. Existem bons motivos para se programar sozinho de vez em quando. O envolvimento da equipe no que se refere à programação em dupla deve girar em torno de 50%. Não é um percentual determinante. Pode ser abaixo de 30% ou chegar a 80%. Na maioria das vezes, é uma escolha que cabe ao programador e à equipe.

O que é Programação em Dupla?

A programação em dupla é quando duas pessoas trabalham em estreita colaboração em um único problema de código. A dupla pode trabalhar junto na mesma estação de trabalho, compartilhando a tela, o teclado e o mouse. Ou pode trabalhar em duas estações de trabalho conectadas, desde que vejam e operem o mesmo código. A última opção funciona bem com softwares conhecidos de compartilhamento de tela. Esse software também possibilita que os colegas trabalhem de forma remota, desde que tenham uma boa conexão e um voice link.

Às vezes, os programadores que adotam a programação em dupla desempenham papéis distintos. Talvez um seja o piloto e o outro o copiloto. O piloto assume o teclado e o mouse; o copiloto realiza predições e faz recomendações. Outra possibilidade é um programador escrever um teste e o outro executá-lo, fazendo com que passe, e depois, elaborar o próximo teste para o colega executar. Muitas vezes, chamamos isso de *Pingue-pongue.*

Na maior parte das vezes, no entanto, não existem papéis. Os programadores assumem a mesma função, compartilhando o mouse e o teclado de forma colaborativa.

Não se pode elaborar um cronograma para a programação em dupla. A dupla se forma e se dispersa de acordo com as preferências dos profissionais. Os gerentes não devem tentar criar cronogramas ou matrizes de programação em dupla.

É uma prática de curta duração. Uma sessão de programação em dupla pode durar até um dia, mas frequentemente não dura mais que uma hora ou duas. Até mesmo sessões de quinze a trinta minutos podem ser vantajosas.

Não se atribui histórias às duplas. Os programadores sozinhos, e não a dupla, são responsáveis por concluir as histórias. A duração de uma história comumente é maior do que uma sessão de programação em dupla.

Durante uma semana, cada programador gastará cerca de metade do tempo da programação em dupla em suas próprias tarefas, solicitando a ajuda de muitos outros. A outra metade do tempo da programação será gasta auxiliando outros profissionais em suas tarefas.

Os programadores seniores devem tomar mais cuidado para programar em dupla com programadores juniores do que quando trabalham com profissionais seniores. Os juniores devem solicitar mais ajuda dos profissionais seniores do que a de outros juniores. Os programadores especializados devem gastar boa parte do tempo da programação em dupla trabalhando com programadores fora de sua especialidade. O intuito é disseminar e trocar conhecimento, não concentrá-lo.

Por que em Dupla?

Trabalhamos em dupla para nos comportar como uma equipe. Os membros de uma equipe não trabalham isolados um do outro. Ao contrário, eles trabalham de forma colaborativa. Quando um membro adoece ou deixa a equipe, os outros preenchem a lacuna deixada por esse membro e continuam progredindo rumo ao objetivo.

A programação em dupla é, sem dúvidas, a melhor forma de compartilhar o conhecimento entre os membros da equipe e evitar a formação de silos de conhecimento. Deste modo assegura que ninguém na equipe seja insubstituível.

Muitas equipes alegam que a programação em dupla reduz os erros e melhora a qualidade do design. Isso é verdade na maioria dos casos. Em geral, duas cabeças analisando determinado problema pensam melhor que uma. Na realidade, muitas equipes substituíram as análises de código pela programação em dupla.

Programação em Dupla como Análise de Código

A programação em dupla é uma forma de análise de código, e também tem uma vantagem considerável. Os programadores que estão trabalhando em dupla são coautores durante o tempo que programam. Eles examinam e analisam o código mais antigo naturalmente, só que com o intuito de desenvolver um código novo. Assim, a análise não é simplesmente uma verificação estática a fim de garantir que os padrões de programação da equipe sejam implementados. É uma análise dinâmica do estado atual do código, levando em consideração como ele deve estar em um futuro próximo.

E Quanto ao Custo?

É difícil determinar o custo da programação em dupla. O custo mais direto é que existem duas pessoas trabalhando em um único problema. Fica claro que essa prática não exige trabalho em dobro para a solução do problema; no entanto, ela provavelmente tem um custo. Diversos estudos indicaram que o custo direto pode ser de cerca de 15%. Em outras palavras, exigiria 115 programadores trabalhando em dupla para fazer o mesmo trabalho de 100 indivíduos (sem as análises de código).

Um simples cálculo sugere que uma equipe que realiza a programação em dupla 50% de seu tempo experimentaria somente 8% de perda no que diz respeito à produtividade. Por outro lado, se a programação em dupla substituir as análises de código, talvez não haja redução da produtividade.

Logo, devemos considerar as vantagens da troca de conhecimentos entre treinamentos multidisciplinares e intensa colaboração. Elas não são facilmente quantificáveis, porém são mais relevantes.

Segundo a minha experiência, e também a de tantas outras pessoas, a programação em dupla, quando realizada informalmente e a critério dos programadores, é muito proveitosa para a equipe como um todo.

Apenas Dois?

A palavra "dupla" pressupõe que há somente dois programadores envolvidos em uma sessão de programação. Embora isso normalmente seja verdade, não é uma regra. Às vezes, três, quatro ou mais pessoas decidem trabalhar juntas em um determinado problema. (Mais uma vez, isso fica a critério dos programadores.) Isso às vezes é conhecido como "*mob programming*".[5,6]

---

5. https://en.wikipedia.org/wiki/Mob_programming [conteúdo em inglês]
6. https://mobprogramming.org/mob-programming-basics/ [conteúdo em inglês]

GERENCIAMENTO

Em geral, os programadores têm receio de que os gerentes desaprovem a programação em dupla, podendo até exigir que ela se separe e pare de desperdiçar tempo. Eu nunca vi isso acontecer. No meio século em que escrevo códigos, nunca vi um gerente interferir em uma coisa dessas. Normalmente, a julgar pela minha experiência, os gerentes ficam contentes de ver os programadores colaborando e trabalhando juntos. Passa a impressão de que o trabalho está sendo feito.

Agora, se você é um gerente que se vê tentado a interferir na programação em dupla porque tem medo de que ela seja ineficiente, deixe seus medos de lado e deixe que os programadores descubram por eles. Afinal de contas, eles são os especialistas. E se você é um programador cujo gerente disse para interromper a programação em dupla, lembre-o de que você é o especialista e que, portanto, você, e não o gerente, deve ser responsável pela forma como trabalha.

Finalmente, nunca, jamais, peça permissão para a programação em dupla. Ou para testar. Ou para refatorar. Ou... Você é o especialista. Você decide.

CONCLUSÃO

As práticas técnicas da metodologia ágil são o ingrediente indispensável de qualquer iniciativa ágil. Qualquer tentativa de utilizar as práticas ágeis sem as práticas técnicas está condenada ao fracasso. A razão para tal é simplesmente que a agilidade é um mecanismo eficiente que pode instaurar uma bagunça generalizada muito rápido. Sem as práticas técnicas para assegurar o alto nível de qualidade técnica, a produtividade da equipe despencará e seguirá fatalmente ladeira abaixo.

TORNE-SE ÁGIL

Quando aprendi XP, pensei: "O que seria mais fácil que isso? Basta seguir algumas disciplinas e práticas simples. Nada demais."

Entretanto, com base no número de organizações que tentam — e não conseguem — implementar a agilidade, tornar-se ágil deve ser extremamente difícil. Talvez o motivo de todas essas experiências frustradas esteja no fato de muitas organizações acharem que a agilidade é algo que não é.

Valores Ágeis

Kent Beck designou os quatro valores ágeis há muito tempo. São eles: coragem, comunicação, feedback e simplicidade.

Coragem

O primeiro valor é a coragem — ou, dito de outro modo, um grau sensato de propensão a riscos. Os membros de uma equipe ágil não são tão focados em salvaguardas políticas a ponto de sacrificarem qualidade e oportunidade. Eles entendem que a melhor forma de gerenciar um projeto de software em longo prazo é empregando um certo grau de agressividade.

Existe uma diferença entre coragem e imprudência. É necessário coragem para implementar um conjunto mínimo de funcionalidades. Exige-se também coragem para assegurar o alto nível de qualidade do código e das disciplinas. No entanto, é imprudente fazem o deploy de um código em que você não confia muito ou que tenha um design insustentável. É imprudente agir de acordo com um cronograma sacrificando a qualidade.

A convicção de que qualidade e disciplina *maximizam* a velocidade é uma posição corajosa, pois ela será reiteradamente contestada por pessoas influentes, mas ingênuas, e que estão com pressa.

Comunicação

Valorizamos a comunicação direta e frequente que permeie os canais comunicativos. Os membros da equipe ágil querem conversar uns com os outros. Os programadores, os clientes, os testadores e os gerentes querem se sentar próximos e interagir com frequência, e não apenas no contexto das reuniões. Não somente via e-mails, bate-papo e relatórios. Ao contrário, eles valorizam conversas presenciais, informais e interpessoais.

É assim que as equipes trabalham sinergicamente juntas. É dentro do turbilhão vertiginoso, caótico e informal da interação frequente que surgem as grandes ideias e insights. Uma equipe que se comunica com frequência pode fazer milagres.

FEEDBACK

Praticamente todas as disciplinas ágeis que estudamos são orientadas a fornecer feedback rápido às pessoas que tomam decisões importantes. As práticas *Planejamento do Jogo, Refatoração, Desenvolvimento Orientado a Testes, Integração Contínua, Pequenas Versões, Propriedade Coletiva, Equipe como um Todo* etc. *maximizam* a frequência e a quantidade de feedback. Elas nos permitem identificar com antecedência quando as coisas estão dando errado a fim de corrigi-las e proporcionam amplo entendimento sobre as consequências das decisões anteriores. As equipes ágeis *prosperam* por meio de feedback. O feedback é o que faz a equipe operar de modo efetivo e o que impulsiona um projeto a um resultado favorável.

SIMPLICIDADE

O próximo valor ágil é a simplicidade — em outras palavras, *ser direto.* Afirma-se muitas vezes que todos os problemas no que diz respeito ao software poderiam ser resolvidos com um pouco mais de simplicidade e franqueza. Contudo, os valores coragem, comunicação e feedback existem para assegurar que o número de problemas seja reduzido ao mínimo. Logo, a falta de simplicidade pode também ser reduzida ao mínimo; as soluções podem ser simples.

Isso vale para o software, e também para a equipe. A agressividade passiva se traduz na falta de simplicidade. Ao reconhecer um problema e silenciosamente permitir que ele afete outra pessoa, você se envolve com a falta de simplicidade e de franqueza. Ao ceder às demandas de um gerente ou cliente sabendo que as consequências serão desastrosas, você está sendo dissimulado.

Simplicidade é objetividade — no código, na comunicação e no comportamento. No código, é necessária certa dose de subjetividade. Assim, usamos a Indireção, mecanismo por meio do qual reduzimos a complexidade da interdependência. Em equipe, são necessárias doses bem mais amenas de subjetividade; na maioria das vezes, você quer ser o mais direto possível.

Simplicidade no código. Ainda mais simplicidade com a equipe.

Miscelânea

Não é difícil se confundir com a quantidade imensa de métodos ágeis que existem por aí. Meu conselho é que você ignore essa miscelânea. No final, independentemente do método escolhido, você acabará afinando e ajustando o processo para atender às suas próprias necessidades. Portanto, se começa com XP, Scrum ou qualquer outro dos milhares de métodos ágeis disponíveis, acabará no mesmo lugar.

O melhor conselho que posso lhe dar, no entanto, é adotar o Ciclo de Vida, incluindo, sobretudo, as práticas técnicas. Muitas equipes adotaram outro ciclo de vida de negócios e caíram na armadilha que Martin Fowler chamou de "Flaccid Scrum".[1] Os sintomas dessa doença são a queda lenta da alta produtividade, logo no início do projeto, à produtividade baixa, conforme o projeto avança. A razão dessa perda de produtividade é a corrupção e a degradação do próprio código.

Ocorre que as práticas ágeis de negócio são uma forma bastante eficiente de se instaurar uma bagunça generalizada. Além do mais, se você não se encarregar da limpeza da estrutura que está construindo, a bagunça *retardará* seu ritmo de trabalho.

Desse modo, escolha um dos métodos ou nenhum deles. Assegure-se de analisar todas as disciplinas do Ciclo de Vida. Procure o consenso em equipe. Depois, inicie as coisas. Lembre-se: coragem, comunicação, feedback e simplicidade, adaptando constantemente as disciplinas e os comportamentos. Não peça permissão. Não se estresse com "fazer a coisa certa". Aborde os problemas à medida que eles surgirem e continue a administrar seus projetos rumo ao melhor resultado possível.

---

1. https://martinfowler.com/bliki/FlaccidScrum.html [conteúdo em inglês]

Transformação

A transição para a agilidade é uma transição de valores. Os valores do desenvolvimento ágil englobam assumir riscos, feedback rápido e comunicação intensa e abrangente entre pessoas que ignoram as barreiras e estruturas de domínio: elas se concentram no acesso simples e direto, em vez de mapear e negociar as circunstâncias. Esses valores são totalmente opostos aos das organizações de peso que investiram massivamente em estruturas de gerência de nível médio que prezam a proteção, a consistência, o comando e o controle e a execução de planos.

É possível fazer uma transformação ágil em uma organização dessas? Honestamente, nunca fui bem-sucedido nesse sentido, nem vi outras pessoas serem. Presenciei a mobilização de muitos esforços e dinheiro, mas não vi muitas organizações verdadeiramente fazendo a transição. As estruturas de valor são muito diferentes para a camada de gerenciamento de nível médio aceitar.

O que eu *vejo* é a transição de equipes e indivíduos, porque geralmente são orientados por valores comuns à agilidade.

Ironicamente, os executivos também são motivados pelos valores comunicativos, simples e de assumir riscos da metodologia ágil. Essa é uma das razões pelas quais eles tentam fazer a transição de suas organizações.

A barreira é o gerenciamento de nível médio. Essas pessoas foram contratadas para *não* correr riscos, para *evitar* a simplicidade e a franqueza e para *seguir* e *fazer valer* a cadeia de comando com um *mínimo* de comunicação. É um dilema organizacional. Os altos e os baixos escalões da organização valorizam o mindset ágil, porém o estrato de nível médio se opõe a ele. Não sei se já vi esse estrato mediano fazer a transição. Na verdade, como poderia? A função dessas pessoas é *se opor* a tal mudança.

Com o objetivo de elucidar essa questão, contarei algumas histórias.

O Subterfúgio

Em 2000, participei de uma transformação ágil apoiada pelos executivos e programadores. Pairava um entusiasmo otimista no ar.

O problema eram os líderes técnicos e os arquitetos. Essas pessoas deduziram incorretamente que seus papéis estavam sendo minimizados.

Os papéis dos arquitetos, dos líderes técnicos, dos gerentes de projeto e de muitos outros são diferentes em uma equipe ágil, mas não são minimizados. Infelizmente, aquelas pessoas não enxergavam dessa forma, e isso pode ter sido culpa nossa. Talvez não tenhamos deixado clara a importância de seus papéis para a equipe, ou talvez eles não se sentissem à vontade para aprender as novas habilidades necessárias.

Seja como for, eles se reuniam em segredo e idealizaram planos para sabotar a transição ágil. Não entrarei nos detalhes desse plano. Direi apenas que eles foram descobertos e demitidos de imediato.

Gostaria de contar que depois a transição ágil avançou rapidamente e obteve grande sucesso. Só que não.

CRIAS FERINAS

Tivemos um êxito enorme na transição de um departamento de uma empresa bem maior. Eles adotaram a XP e fizeram um trabalho tão bom ao longo dos anos que foram citados na revista *Computerworld*. Na verdade, todo esse sucesso resultou na promoção do vice-presidente de engenharia que havia liderado essa transição.

Então, um novo vice-presidente tomou posse. E como um leão tomado pela arrogância, matou as crias do vice-presidente anterior. E isso incluiu a agilidade. Ele interrompeu o processo e retrocedeu para o processo antigo e muito menos bem-sucedido.

Essa atitude levou muitas pessoas da equipe a procurar emprego em outro lugar — que, acredito eu, era a intenção do novo vice-presidente.

AOS PRANTOS

Essa última história foi contada por outras pessoas; eu não estava lá para testemunhar o momento crítico. Na época, meus colaboradores me contaram.

Em 2003, minha empresa participou de uma transição ágil em uma renomada corretora de valores. As coisas estavam indo bem. Treinamos os executivos, os gerentes de nível médio e os desenvolvedores. Todos estavam no mesmo passo. Tudo corria muito bem.

Posteriormente, aconteceu a avaliação final. Os executivos, os gerentes de nível médio e os desenvolvedores se reuniram em um grande auditório. A intenção deles era avaliar o progresso e o sucesso da transição ágil. Os executivos perguntaram: "Como andam as coisas?"

Diversos participantes responderam: "As coisas estão indo muito bem."

Então, o momento de silêncio foi interrompido repentinamente pelo barulho de alguém que estava sentado no fundo do auditório, chorando aos prantos. Foi então que os apoios emocionais surgiram aos montes e o estado de espírito positivo caiu por terra. "Isso é muito difícil", ouvia-se as pessoas dizendo. "Simplesmente não podemos seguir com isso."

E, assim, os executivos desistiram da transição.

MORAL

Acredito que a moral de todas essas histórias seja "espere que algo estranho aconteça".

FINGIMENTO

É possível que equipes ágeis sobrevivam em uma organização com forte gerenciamento de nível médio que se opõe à agilidade? Já vi isso acontecer em determinadas ocasiões. Algumas equipes de desenvolvimento de software usam os valores ágeis discretamente a fim de impulsionar seu desenvolvimento, ao mesmo tempo que acatam os rigores que lhes são impostos pela gerência de nível médio. Desde que a gerência de nível médio esteja convencida de que seus procedimentos e padrões estejam sendo seguidos, ela pode permitir que as equipes de desenvolvimento usem seus próprios mecanismos.

Isso é o que Booch e Parnas chamavam de "fingimento".[2] A equipe pratica a agilidade por debaixo dos panos, ao mesmo tempo que fornece tudo o que satisfaz o gerenciamento de nível médio. Em vez de travar uma batalha infrutífera com os gerentes de nível médio, essas equipes

---

2. Booch, G. 1994. *Object-Oriented Analysis and Design with Applications*, 2° ed. Reading, MA: Addison-Wesley, p. 233–34.

revestem a agilidade com uma roupa nova, que faz com que ela passe segurança e seja compatível com esses gerentes.

Por exemplo, eles podem querer um documento de análise das fases iniciais do projeto. A equipe ágil fornece esse documento escrevendo grande parte do código inicial do sistema usando todas as disciplinas normais da agilidade e, em seguida, elabora o documento de análise ao colocar no cronograma uma sequência de histórias da documentação.

Isso faz todo o sentido, porque as primeiras iterações do código são totalmente focadas na análise de requisitos. O fato de esta análise estar sendo realizada, na verdade, por meio da escrita do código não é algo que os gerentes precisam saber. Eles nem devem se importar.

Infelizmente, tenho visto organizações que são tão desestruturadas que, quando os gerentes de nível médio acham que uma equipe está "fingindo", eles usam subterfúgios e mais do que depressa se mobilizam para dar um fim às disciplinas ágeis. É lamentável, porque essas equipes estavam realmente fornecendo aos gerentes de nível médio o que eles precisavam.

Sucesso em Pequenas Organizações

Vi algumas organizações de médio porte adotarem a metodologia ágil. Eles tinham o gerenciamento médio, composto de pessoas que subiram na hierarquia e ainda preservavam o mindset simples e direto de assumir riscos.

Não é incomum ver pequenas organizações migrarem totalmente para a agilidade. Eles não têm gerência média e os valores dos executivos e desenvolvedores estão estritamente alinhados.

Sucesso Individual e Migração

Para finalizar, às vezes apenas determinadas pessoas de uma organização adotam os valores ágeis. Os indivíduos que fazem essa transição não se saem lá muito bem em organizações ou equipes que não adotam a agilidade. Em geral, a diferença de valores resulta em algum tipo de divisão. Na melhor das hipóteses, os indivíduos que fazem a transição se unirão com o objetivo de formar novas equipes ágeis que conseguem se esconder da gerência média. Caso não seja possível, eles procurarão (e encontrarão) emprego em uma empresa que compartilhe de seus valores.

Na realidade, nos últimos vinte anos, temos observado essa migração de valores no setor tecnológico. Novas empresas que vestiram a camisa dos valores ágeis se formaram e os programadores que desejam trabalhar com os princípios ágeis migram para essas empresas.

Criando Organizações Ágeis

Seria possível criar organizações de grande porte que possibilitem que as equipes ágeis sejam bem-sucedidas dentro delas? Com certeza! No entanto, observe que a palavra é *criar,* não *transformar.*

Quando a IBM decidiu desenvolver o PC (computador pessoal), os executivos da empresa perceberam que os valores da organização não viabilizariam o tipo de inovação rápida e a propensão aos riscos necessárias. Logo, eles *criaram* uma organização com uma estrutura de valor diferente.[3]

Isso já aconteceu no mundo do software? As organizações de grande porte mais antigas já *criaram* organizações de software menores com o objetivo de adotar a agilidade? Já vi indícios, mas não consigo me lembrar de exemplos notórios. Sem sombra de dúvidas já vimos muitas startups adotarem a agilidade. Já vimos também grandes empresas que não eram ágeis contratarem empresas ágeis de consultoria a fim de realizar determinados projetos de software com mais rapidez e confiabilidade.

Minha previsão é: mais cedo ou mais tarde, veremos empresas maiores criarem departamentos novos que empreguem a agilidade para o desenvolvimento de software. Veremos também organizações de grande porte que, ao falharem em transformar sua equipe existente de desenvolvimento, contratarão cada vez mais empresas ágeis de consultoria.

Coach

Uma equipe ágil precisa de um coach? A resposta curta é "não". A longa, "às vezes".

Em primeiro lugar, precisamos diferenciar treinadores ágeis e agile coaches. Um treinador ágil ensina uma equipe a se comportar de acordo com os princípios ágeis. Normalmente são contratados pela empresa ou

---

3. O nascimento do PC da IBM. Disponível em: https://www.ibm.com/ibm/history/exhibits/pc25/pc25_birth.html [conteúdo em inglês]

são treinadores internos que não fazem parte da equipe. O objetivo é fazer com que a equipe absorva os valores ágeis e ensinar as disciplinas ágeis. A passagem de um treinador ágil deve ser breve. Cada equipe de desenvolvimento deve exigir não mais que uma ou duas semanas de treinamento. Tudo o que precisa aprender, ela aprenderá sozinha, não importa o que o treinador ágil diga ou faça.

No início da transição de uma equipe, um treinador pode desempenhar temporariamente o papel de coach, mas essa é uma situação momentânea. Esse papel deve ser desempenhado por alguém da equipe o mais rápido possível.

Via de regra, os agile coaches não são treinadores. Eles são membros da equipe cujo papel é defender o processo dentro da própria equipe. Na emoção do desenvolvimento, os desenvolvedores podem ficar tentados a se desviar do processo. Talvez inconscientemente parem com a programação em dupla, parem de refatorar ou ignorem as falhas no build contínuo. A função do coach é identificar e mostrar isso para a equipe. O coach representa a consciência da equipe, sempre lembrando as promessas que o pessoal fez e os valores que concordaram em defender.

Esse papel normalmente passa de um membro da equipe para o seguinte em um cronograma informal e com base nas necessidades. Uma equipe madura que trabalha em estreita colaboração não precisa de um coach. Por outro lado, uma equipe sob algum tipo de estresse — seja cronograma, negócios ou interpessoal — pode querer solicitar alguém que desempenhe temporariamente esse papel.

O coach não é um gerente; ele não é responsável pelo orçamento ou pelo cronograma; não gerencia a equipe nem representa os interesses da equipe para a gerência. O coach não é o elo entre os clientes e os desenvolvedores. O papel do coach se limita estritamente à equipe. Nem os gerentes tampouco os clientes sabem quem é o coach, muito menos da existência dele.

SCRUM MASTERS

No Scrum, o coach se chama *Scrum Master*. A invenção desse termo, e a sequência de eventos que se seguiu, ficaram entre as melhores e piores coisas que já aconteceram à comunidade ágil. Os programas de certificação atraíram uma quantidade imensa de gerentes de projeto. No começo, tamanha concentração aumentou a popularidade da agilidade, mas resultou na confusão entre o papel do coach e o papel do gerente de projeto.

Hoje em dia, é muito frequente vermos Scrum Masters que não são coaches, mas simplesmente gerentes de projeto fazendo o que sempre fizeram. Infelizmente, o título e a certificação acabam influenciando indevidamente uma equipe ágil.

CERTIFICAÇÃO

As certificações ágeis existentes são uma bobagem sem tamanho e um contrassenso sem limites. Não leve as certificações a sério. O treinamento que acompanha os programas de certificação geralmente vale a pena; no entanto, ele não deve ser focado em um papel específico; deve ser para todos os membros da equipe.

Por exemplo, o fato de alguém ser "certificado" como Scrum Master não vale muita coisa. Os órgãos credenciadores não garantem nada além do pagamento de uma taxa e da possível participação em um curso de dois dias. Na prática, os órgãos credenciadores *não* garantem que o Scrum Master recém-formado fará um bom trabalho como coach. A insinuação descabida da certificação a respeito de que existe algo especial em ser um "Certified Scrum Master" certamente se opõe à noção de coach. Um agile coach não é especialmente treinado para ser um agile coach.

Repito, muitas vezes não existe nada de errado com os programas de treinamento que acompanham essas certificações. Contudo, não faz sentido treinar somente uma determinada pessoa. Cada membro de uma equipe ágil precisa entender os valores e as técnicas ágeis. Logo, se um membro da equipe for treinado, todos os membros da equipe deverão ser treinados.

UMA VERDADEIRA CERTIFICAÇÃO

Como seria um verdadeiro programa de certificação ágil? Seria um curso de um semestre completo com treinamento ágil e desenvolvimento supervisionado de um pequeno projeto ágil. O curso teria níveis gradativos e os alunos atingiriam o alto padrão de qualidade desejado. O órgão credenciador garantiria que os alunos

AGILIDADE EM GRANDE ESCALA

O movimento ágil começou no final dos anos 1980. Foi rapidamente reconhecido como um meio de organizar uma pequena equipe, de quatro a doze desenvolvedores de software. Esses números são flexíveis e raramente eram explícitos, mas todos entendiam que a agilidade (ou como quer que chamássemos antes de 2001) não era adequada para uma equipe enorme com dezenas de desenvolvedores. Não era esse o problema que estávamos tentando solucionar.

No entanto, quase de imediato, essa questão foi levantada. E as equipes grandes? E a agilidade em grande escala?

No decorrer dos anos, muitas pessoas tentaram responder a essa pergunta. De início, os autores do Scrum propuseram a técnica chamada "Scrum-of-Scrums". Mais adiante, começamos a ver determinadas abordagens de marca, como o SAFe[4] e LeSS.[5] Desde então, diversos livros sobre o assunto foram publicados.

Tenho certeza de que não existe nada de errado com essas abordagens e que os livros são bons. Mas não tentei usar essas abordagens e não li os livros. Você pode pensar que é irresponsabilidade da minha parte falar de um assunto que não estudei, e talvez tenha razão. No entanto, tenho um ponto de vista.

A metodologia ágil é para equipes de pequeno e médio porte, ponto final. Funciona bem para essas equipes. A agilidade nunca se destinou às equipes grandes.

Por que não estávamos tentando resolver o problema das equipes grandes? Simplesmente porque os especialistas tentam solucionar os problemas das equipes grandes há mais de cinco milênios. O problema das equipes grandes é o problema das sociedades e das civilizações. E, se nossa civilização atual serve de comparativo, aparentemente temos trabalhado bem na solução.

---

4. https://en.wikipedia.org/wiki/Scaled_agile_framework [conteúdo em inglês]
5. https://less.works/ [conteúdo em inglês]

Como se constroem as pirâmides? Você precisa ter solucionado os problemas das equipes grandes. Como se vence a Segunda Guerra Mundial? Você precisa ter resolvido o problema das equipes grandes. Como enviar homens para a Lua e trazê-los em segurança de volta à Terra? Você precisa ter solucionado o problema das equipes grandes.

Entretanto, esses projetos enormes não são os únicos feitos das equipes grandes que vimos, são? Como se constroem a rede telefônica, a malha rodoviária, a internet, os iPhones ou os automóveis? Tudo isso tem relação com equipes grandes. A infraestrutura e a segurança de nossa extensa civilização, cuja abrangência é mundial, são a prova de que resolvemos o problema das equipes grandes.

Equipes grandes são um problema resolvido.

O problema que não foi solucionado no final dos anos 1980, quando o movimento ágil teve início, foi o das equipes *pequenas de software*. Não sabíamos como organizar de modo adequado um grupo relativamente pequeno de programadores para ser eficiente. E foi *este* problema que a agilidade resolveu.

É fundamental compreender que esse foi um problema de *software*, não um problema de equipes pequenas. O problema das equipes pequenas havia sido resolvido milênios antes por organizações militares e industriais em todo o mundo. Os romanos não poderiam ter conquistado a Europa se não tivessem solucionado o problema de organização de pequenas unidades militares.

A agilidade é o conjunto de disciplinas por meio das quais organizamos equipes pequenas de software. Por que precisamos de uma técnica especial para isso? Porque o software é único. Existem poucas coisas como ele. As contrapartidas de custo/benefício e risco/recompensa no que diz respeito ao software são diferentes de praticamente todos os outros tipos de trabalho. O software é como uma construção, exceto que não se constrói nada físico. É como a matemática, salvo que nada pode ser provado. É tão empírico quanto a ciência, mas não há leis físicas a serem descobertas. É como a contabilidade, exceto que descreve o comportamento ordenado pelo tempo, em vez de fatos numéricos.

O software é realmente diferente de tudo. Desse modo, para organizar uma equipe pequena de desenvolvedores de software, precisamos de um conjunto especial de disciplinas orientadas aos aspectos únicos do software.

Relembre as disciplinas e práticas sobre as quais falamos neste livro. Você perceberá que cada uma delas, quase sem exceção, é aprimorada e ajustada especificamente de acordo com os aspectos únicos do software. Isso varia desde práticas notórias, como Desenvolvimento Orientado a Testes e Refatoração, até os aspectos mais sutis do Planejamento do Jogo.

O fator preponderante é que a *agilidade tem relação com o software*; em especial com *equipes pequenas de software*. Fico sempre desapontado quando as pessoas me perguntam como usar a metodologia ágil no hardware, na construção ou em alguma outra coisa. Sempre respondo que não sei, porque o ágil tem relação com o software.

E quanto à agilidade em grande escala? *Não me parece funcionar.* Organizar equipes grandes é uma questão de sistematizá-las em equipes pequenas. A agilidade soluciona o problema para as equipes pequenas de software; o problema de estruturar equipes pequenas em equipes maiores é uma questão resolvida. Portanto, minha resposta no que se refere à agilidade em grande escala é simplesmente organizar os desenvolvedores em pequenas equipes ágeis e, em seguida, empregar as técnicas-padrão de gerenciamento e pesquisa operacional a fim de gerenciar essas equipes. Não são necessárias outras regras especiais.

Agora, a pergunta que não quer calar: uma vez que o software para equipes pequenas é tão único, sendo necessária a criação da metodologia ágil, por que motivo esse caráter único não se aplica à organização de equipes pequenas de software em equipes maiores de software? Será que não existe um aspecto único do software que vá além das equipes pequenas e influencie a maneira como as grandes devem ser organizadas?

Duvido, pois o problema das equipes grandes, que resolvemos há mais de cinco mil anos, *reside* na dificuldade de providenciar muitos tipos diferentes de equipes que trabalhem colaborativamente. As equipes ágeis são apenas um dos inúmeros tipos de equipes que precisam ser coordenadas em um projeto grande. A integração de equipes diversificadas é um problema resolvido. Não vejo indício de que o caráter único das equipes de software influencie indevidamente sua integração em equipes maiores.

Então, mais uma vez, o fator preponderante do meu ponto de vista é: não existe essa coisa de agilidade em grande escala. A agilidade foi uma inovação necessária com o objetivo de estruturar pequenas equipes de software. Uma vez organizadas, essas equipes se enquadram na estrutura que as organizações de grande porte usam há milênios.

Agora, novamente, esse não é um assunto que pesquisei a fundo. O que você acabou de ler é a minha opinião, e posso estar muito errado. Talvez eu seja um velho rabugento dizendo a todos aqueles garotos ágeis para não pisarem em meu gramado; o tempo o dirá. Mas agora você já sabe em que lado estou apostando.

FERRAMENTAS ÁGEIS

Por Tim Ottinger e Jeff Langr, 16 de abril de 2019[6]

Os criadores passam a dominar suas ferramentas. Os carpinteiros se tornam habilidosos com o martelo, com as unidades de medidas, com o serrote, com o cinzel, com a plaina e com o nível — ferramentas baratas — durante os primeiros passos de sua carreira. À medida que suas necessidades aumentam, eles aprendem e utilizam ferramentas mais poderosas (que geralmente são mais caras): furadeira, pistola de pregos, torno mecânico, fresa, CAD (Desenho Auxiliado por Computador) e a máquina CNC, para citar algumas.

Apesar disso, os mestres carpinteiros não abandonam as ferramentas manuais; eles escolhem a ferramenta certa para o trabalho. Ao usar somente ferramentas manuais, criadores experientes conseguem arquitetar projetos de madeira com uma qualidade maior e, não raro, mais rápido do que com ferramentas elétricas. Como resultado, eles dominam suas ferramentas manuais antes de passar para ferramentas mais sofisticadas; aprendem sobre as limitações das ferramentas manuais com o intuito de saber quando buscar uma ferramenta elétrica.

Independentemente de usarem ferramentas manuais ou elétricas, os carpinteiros sempre procuram dominar cada instrumento escolhido para seu conjunto de ferramentas. Essa maestria possibilita que eles se concentrem na própria habilidade — na modelagem delicada de

---

6. Usado com permissão.

uma peça de mobiliário de altíssima qualidade, por exemplo — em vez da ferramenta. Sem essa maestria, uma ferramenta representa um impedimento para a entrega, e uma ferramenta mal utilizada pode até ocasionar danos ao projeto e ao seu utilizador.

FERRAMENTAS DE SOFTWARE

Os desenvolvedores de software devem dominar uma série de ferramentas essenciais:

- Pelo menos uma linguagem de programação e, muitas vezes, mais de uma.
- Um ambiente de desenvolvimento integrado ou editor de texto para programadores (vim, Emacs etc.).
- Vários formatos de dados (JSON, XML, YAML etc.) e linguagens de marcação (incluindo HTML).
- Interação de linha de comando e baseada em script com o sistema operacional.
- Ferramentas de repositório de código (Git. Existe outra opção?).
- Ferramentas de integração/build contínuos (Jenkins, TeamCity, GoCD etc.).
- Ferramentas de deploy/gerenciamento de servidor (Docker, Kubernetes, Ansible, Chef, Puppet etc.).
- Ferramentas de comunicação (e-mail, Slack, o idioma inglês [!]).
- Ferramentas de teste (frameworks de teste de unidade, Cucumber, Selenium etc.).

Essas categorias de ferramentas são essenciais para o desenvolvimento de software. Sem elas, é impossível entregar qualquer coisa no mundo de hoje. De certo modo, elas representam o conjunto de ferramentas "manuais" do programador.

Muitas delas exigem a obtenção de conhecimento especializado para aplicação eficaz. Nesse meio-tempo, o cenário muda regularmente, fazendo com que o domínio das ferramentas seja ainda mais desafiador. O desenvolvedor mais experiente encontra o caminho de menor esforço

O que Faz com que uma Ferramenta Seja Eficaz?

O cenário, no que diz respeito às ferramentas, muda em um ritmo acelerado, porque estamos sempre aprendendo formas mais eficazes de concretizar nossos objetivos. Observe a ampla variedade de ferramentas de repositório de código lançadas nas últimas décadas: PVCS, ClearCase, Microsoft Visual SourceSafe, StarTeam, Perforce, CVS, Subversion e Mercurial, para dar alguns exemplos. Todos tiveram problemas — muito excêntricas, confidenciais ou fechadas, muito lentas, invasivas, assustadoras ou complexas. Dentre todas, uma se destacou, conseguindo superar a maioria das objeções: o Git.

Um dos aspectos mais influentes do Git é a capacidade de fazer você se sentir seguro. Caso já esteja na área há tempo o bastante para ter usado uma das outras ferramentas, você provavelmente se sentia um pouco nervoso de vez em quando. Era necessária uma conexão de rede ativa com o servidor ou seu trabalho corria risco. O repositório CVS seria corrompido vez ou outra, exigindo que você desperdiçasse tempo na esperança de identificar alguma coisa que não tivesse sido corrompida. O servidor do repositório às vezes caía; e ainda que o backup fosse feito, corria-se o risco de perder meio dia de trabalho. Algumas ferramentas proprietárias eram corrompidas no próprio repositório, significando que você ficaria horas ao telefone com suporte, ao mesmo tempo que gastaria uma quantia enorme de dinheiro para que nada fosse corrompido. Com o Subversion, você tinha medo de fazer muitos branchs, porque quanto mais arquivos de origem estivessem envolvidos, mais tempo você teria que esperar ao alternar os branches (*switch branches*; estou falando de vários minutos).

Uma boa ferramenta deve fazer com que você se sinta à vontade ao usá-la, e não deixá-lo totalmente apreensivo. O Git é rápido, oferece a capacidade de fazer commit in loco, em vez de apenas em um servidor, permite trabalhar no repositório local sem uma conexão de rede, opera com diversos repositórios e branches, sendo compatível de forma satisfatória com a execução de merges.

A interface para o Git é razoavelmente simplificada e direta. Como resultado, depois de aprender bem o bastante sobre a ferramenta, você não pensa muito nela em si. Ao contrário, foca as verdadeiras necessidades: armazenamento seguro, integração e gerenciamento de versões de código-fonte. A ferramenta se torna *transparente.*

O Git é uma ferramenta robusta e complexa, logo, o que significa aprendê-lo "bem o bastante"? Felizmente, aqui se aplica a Regra 80/20: uma pequena fração das funcionalidades do Git — talvez 20% — fornece mais de 80% das necessidades diárias para o gerenciamento do código. Você pode aprender a maior parte do que precisa em minutos. O restante está disponível online.

A simplicidade e a eficácia do uso do Git resultaram em formas totalmente novas e imprevistas de se pensar sobre como criar um software. Possivelmente Linus Torvalds pensaria que era um absurdo utilizar o Git como uma ferramenta para o descarte de parte do código, contudo, é exatamente isso que os adeptos do Método Mikado[7] e do TCR (Test && Commit || Revert)[8] incentivam. E, embora um dos aspectos fundamentais e poderosos do Git seja sua capacidade de operar os branches de modo efetivo, inúmeras equipes quase que exclusivamente desenvolvem os trunks, enquanto o usam. A ferramenta sofre *exaptação tecnológica* (é usada de modo diferente do que seus criadores pretendiam).

As boas ferramentas fazem o seguinte:

- Ajudam as pessoas a alcançar seus objetivos.

- Podem ser aprendidas "bem o bastante" de forma rápida.

- Tornam-se transparentes para os usuários.

- Possibilitam adaptação e exaptação.

- São acessíveis.

---

7. Ellnestam, O. e D. Broland. 2014. *The Mikado Method.* Shelter Island, NY: Manning Publications.
8. Beck, K. 2018. *test && commit || revert.* Disponível em: https://medium.com/@ kentbeck_7670/test-commit- revert-870bbd756864 [conteúdo em inglês].

Estamos aqui defendendo o Git como uma boa ferramenta... em 2020. Caso leia isso em algum outro ano, lembre-se de que o cenário tecnológico sempre muda.

FERRAMENTAS ÁGEIS FÍSICAS

Os agilistas são conhecidos por usar quadros brancos, fitas, Post-its, etiquetas e notas adesivas de diversos tamanhos (desde pequenas até flip-charts), visando o gerenciamento visual de seu trabalho. Esses simples "apetrechos manuais" apresentam todas as características de uma boa ferramenta:

- Ajudam na visibilidade e no gerenciamento do trabalho em andamento.

- São intuitivas — não é necessário treinamento!

- Exigem sobrecarga cognitiva irrisória. Você pode usá-las facilmente, ao mesmo tempo que se concentra em outras tarefas.

- Sofreram exaptação. Nenhuma dessas ferramentas foi projetada explicitamente para gerenciar o desenvolvimento de software.

- São adaptáveis. Você pode usar fita adesiva, recortar figuras ou ícones, colar indicadores complementares e acrescentar variações de significados por meio do uso de cores e iconografia personalizadas.

- São baratas e fáceis de adquirir.

As equipes agrupadas podem gerenciar com facilidade projetos descomunais e complexos utilizando apenas essas ferramentas físicas simples e baratas. Você consegue difundir as principais informações usando uma folha de flip-chart fixada na parede. Esses *difusores de informação* sintetizam tendências e fatos importantes para os membros da equipe e para os patrocinadores. Você pode empregá-los para criar e apresentar novos tipos de informações em tempo real. A flexibilidade é quase infinita.

Toda ferramenta tem suas limitações. A principal limitação das ferramentas físicas é que elas não são muito eficazes para equipes distribuídas, somente para pessoas dentro do alcance visual. Elas também não armazenam automaticamente o histórico — você tem acesso apenas ao estado atual.

A Pressão da Automatização

O projeto XP original (C3) foi essencialmente gerenciado com ferramentas físicas. À medida que a agilidade crescia, aumentava o interesse por ferramentas de software automatizadas. Algumas razões válidas para tal são:

- As ferramentas de software viabilizam um modo positivo de ajudar a garantir que os dados sejam coletados de forma consistente.

- Uma vez que os dados foram coletados de maneira consistente, você pode obter facilmente relatórios, tabelas e gráficos com qualidade profissional.

- O histórico e o armazenamento seguro são simples.

- Você pode compartilhar as informações de forma instantânea com todos, independentemente de onde moram.

- Por meio de ferramentas como planilhas online, você pode até ter uma equipe completamente distribuída colaborando em tempo real.

As ferramentas *low-tech* podem desinteressar algumas pessoas acostumadas a apresentações engenhosas e softwares sofisticados. E como fazemos parte do setor que cria software, a tendência natural de muitos de nós é automatizar tudo.

Tragam-nos as ferramentas de software!

Talvez... não. Vamos parar um momento e pensar. As ferramentas automatizadas podem não ser compatíveis com o processo específico da sua equipe. Uma vez que você compra uma ferramenta, o caminho mais fácil é fazer o que ela oferece, independentemente de atender às necessidades da equipe ou não.

Sua equipe deve primeiro determinar o padrão de trabalho que se adéque às circunstâncias específicas e *depois* considerar o uso de ferramentas que sejam compatíveis com seu fluxo de trabalho.

Os profissionais usam e controlam as ferramentas; elas não controlam nem usam as pessoas.

Você não quer ficar preso aos fluxos de processos de outras pessoas. Seja lá o que estiver fazendo, você quer entender e lidar com o seu processo antes de automatizá-lo. No entanto, não se trata de uma questão de usar ferramentas automáticas ou físicas. Trata-se de: "Estamos usando boas ferramentas ou não?"

ALMs PARA OS ENDINHEIRADOS

Logo após o advento da metodologia ágil, surgiram diversos sistemas de software para gerenciar os projetos ágeis. Esses sistemas de Gerenciamento de Ciclo de Vida de Aplicativos (ALM), que variam de código aberto a "software de prateleira" refinados e caros, possibilitam a coleta de dados da equipe ágil, o gerenciamento das extensas listas de funcionalidades (backlogs), a criação de gráficos sofisticados, gráficos resumidos das equipes multidisciplinares e alguns cálculos.

Ao que tudo indica, é prático ter um sistema automatizado para nos ajudar com esse tipo de trabalho. Além das funcionalidades básicas, as ferramentas ALM apresentam recursos vantajosos: a maioria permite interação remota, rastreamento do histórico, lida com um pouco do trabalho sujo de contabilidade e é configurável. Você pode usar uma plotter para criar gráficos profissionais e multicoloridos em papel de tamanho grande que podem ser fixados como difusores de informações no ambiente da equipe.

Mesmo assim, apesar de serem repletas de funcionalidades e serem comercialmente bem-sucedidas, as ferramentas ALM *passam longe de serem ótimas.* E tal incapacidade nos sugere uma boa advertência.

- *Ótimas ferramentas podem ser aprendidas "bem o bastante" de maneira rápida:* As ALMs tendem a ser complicadas e em geral requerem treinamento inicial. (Veja bem, estamos tentando nos lembrar do último treinamento com cartões que participamos.) Ainda que façam treinamento, os membros da equipe precisam recorrer à pesquisa na internet a fim de descobrir como realizar tarefas que deveriam ser simples. Muitos aceitam a complexidade da ferramenta, buscam se aprofundar com o intuito de descobrir as coisas e acabam tolerando processos lentos e pesados de trabalho.

- *Ótimas ferramentas se tornam transparentes aos usuários.* Vemos reiteradamente os membros de uma equipe assistindo ao "piloto designado" tentando descobrir como a ferramenta funciona. À primeira vista, eles parecem bêbados tentando utilizar os cartões de história. Misturam tudo quanto é página da internet, copiam e colam os textos ao tentar concatenar as histórias aos "épicos" pais, pisam em falso em histórias, se atropelam com tarefas e atribuições na tentativa de fazer as coisas darem certo. Uma desordem. Via de regra, essas ferramentas exigem atenção constante.

- *Ótimas ferramentas possibilitam adaptação e exaptação.* Quer adicionar campos a um cartão ALM (virtual)? Talvez você consiga encontrar um programador especialista local (com muito sacrifício) que preste suporte da ferramenta. Ou talvez você tenha que enviar uma solicitação de mudança ao fornecedor. O tempo de retorno ao serviço de cinco segundos para as ferramentas *low-tech* se transforma em uma demora de cinco dias ou cinco semanas com a ALM. Tentativas de feedback rápido no que se refere ao gerenciamento do processo são quase impossíveis. E, claro, se você não precisar dos campos adicionais, alguém precisará converter as mudanças e redefinir a configuração. As ferramentas ALM nem sempre são fáceis de adaptar.

- *Ótimas ferramentas são acessíveis.* As taxas de licenciamento das ferramentas ALM, que podem chegar a milhões de dólares por ano, são apenas o começo. A instalação e o uso delas podem exigir custos adicionais substanciais na forma de treinamento, suporte e, às vezes, customização. A manutenção e administração contínuas elevam ainda mais o custo da licença.

- *Ótimas ferramentas ajudam as pessoas a alcançar seus objetivos.* As ferramentas ALM dificilmente funcionam do mesmo jeito que sua equipe e, em geral, o modo predefinido é incompatível com os métodos ágeis. Por exemplo, muitas ferramentas ALM presumem que os membros da equipe tenham atribuições de trabalho individuais, o que as torna quase inutilizáveis para equipes que trabalham juntas de forma multidisciplinar.

Algumas ferramentas ALM disponibilizam um *pillory board* — um dashboard que mostra a carga de trabalho, a produtividade e o progresso de cada indivíduo (ou sua ausência). Em vez de ressaltar o fluxo de trabalho no que diz respeito à sua conclusão e incentivar a responsabilidade compartilhada — o verdadeiro jeito ágil de ser — a ferramenta se torna uma arma usada com o objetivo de expor os programadores e os incentiva a trabalhar mais e durante mais tempo.

Em vez de as equipes se reunirem para a reunião diária matinal (Scrum diário), agora elas se agrupam para atualizar seu ALM. A ferramenta substitui as interações individuais pelos relatórios de status automatizados.

Pior ainda: elas não disseminam informações como as ferramentas físicas. Você precisa fazer o login e sair à caça dessas informações. Quando as encontra, geralmente vêm acompanhadas por uma montanha de outras informações que você *não* quer. Às vezes, dois ou três gráficos ou visualizações desejados estão em páginas diferentes.

Um dia, as ALMs podem se tornar ótimas ferramentas. Agora, se você precisar gerenciar somente uma grande quantidade de cartões e usar um software, adote uma ferramenta de uso geral, como o Trello.[9] É fácil, instantâneo, barato, extensível e não lhe trará preocupações.

Nossas formas de trabalhar mudam constantemente. Ao longo dos anos, evoluímos do SCCS para o RCS, do RCS para o CVS, do CVS para o Subversion, do Subversion para o Git, acompanhando uma transformação radical na forma como gerenciamos o código-fonte. Estamos passando por uma evolução semelhante com as ferramentas de teste, de deploy e outras do tipo (não mencionadas aqui). Provavelmente, testemunharemos um avanço análogo com as ferramentas ALM automatizadas.

Tendo em conta o estado atual da maioria das ferramentas ALM, pode ser mais seguro e inteligente começar com ferramentas físicas. Mais tarde, você pode *considerar* o uso de uma ferramenta ALM. Assegure-se de que ela seja de rápido aprendizado, transparente no uso diário, fácil de se adaptar e tenha os meios necessários para aquisição e implementação. E, o mais importante: verifique se ela é compatível com o jeito que sua equipe trabalha e se fornece um retorno positivo do seu investimento.

---

9. Mais uma vez, em 2020. O cenário muda.

Coaching — Uma Visão Alternativa

Por Damon Poole, 14 de maio de 2019[10]

Damon Poole é um amigo meu que discorda de muitas coisas. O treinamento ágil é apenas uma delas. Então, pensei que seria muito bom trazer um ponto de vista diferente.

— UB

Os Muitos Caminhos que Levam à Agilidade

Existem muitos caminhos que levam à agilidade. E, na verdade, muitos de nós percorremos o caminho sem querer. Pode-se especular que o Manifesto Ágil foi o resultado da percepção dos autores de que todos estavam em uma jornada semelhante e decidiram retratá-la de modo que outras pessoas pudessem escolher participar da jornada ou não. Meu caminho rumo à agilidade começou em 1977, quando entrei em uma loja de eletrodomésticos que vendia o microcomputador TRS-80s. Como era novato, ajudei um programador experiente a debuggar um jogo Star Trek simplesmente fazendo perguntas. Hoje chamamos isso de programação em dupla. E, tal como acontece, fazer perguntas é uma grande parte do coaching.

Desde então, por volta de 2001, tornei-me ágil sem querer. Eu programava e fazia parte somente de equipes pequenas e multidisciplinares que, na maioria das vezes, trabalhavam internamente no cliente. Eu me concentrava no que agora chamamos de histórias de usuários, e produzíamos com frequência somente pequenas versões. Mas depois, na AccuRev, nossos principais lançamentos começaram a ficar cada vez mais espaçados, chegando a um intervalo de dezoito meses, em 2005. Durante quatro anos, eu estava acidentalmente fazendo o Desenvolvimento em Cascata. Era horrível, e eu nem sequer sabia o porquê. Além do mais, eu era considerado um "especialista em processos". Apesar dos detalhes, essa história pode parecer familiar para muitas pessoas.

---

10. Usado com permissão.

Do Especialista em Processos ao Especialista Ágil

Minha introdução na agilidade não foi nada fácil. Em 2005, antes da conferência da *Agile Alliance* e de tantas outras dispararem em popularidade, havia a conferência da revista *Software Development*. Na recepção para os palestrantes da *Software Development East*, depois de ministrar uma palestra a respeito das práticas de gerenciamento para desenvolvimento distribuído de software, completamente destituída da palavra "ágil", me vi rodeado por líderes da indústria de software, como Bob Martin, Joshua Kerievsky, Mike Cohn e Scott Ambler. Aparentemente, os únicos assuntos que lhes despertavam entusiasmo eram coisas como cartões 3×5, histórias de usuários, Desenvolvimento Orientado a Testes e Programação em Pares. Fiquei horrorizado ao constatar que todos aqueles líderes de pensamento haviam sido atraídos pelo que eu achava ser uma poção mágica.

Alguns meses depois, enquanto pesquisava sobre a agilidade com o objetivo de desmascará-la apropriadamente, tive uma epifania. Como programador e proprietário de uma empresa, tive a ideia de criar algoritmos ágeis que detectassem os recursos de maior valor agregado do mercado e os transformassem em faturamento de forma rápida.

Após esse momento de inspiração, desenvolvi um entusiasmo profundo por compartilhar a metodologia ágil com todo mundo. Fiz webinars gratuitos, escrevi posts em blogs, falei em conferências, participei e depois realizei o encontro *Agile New England* em Boston e fiz todo o possível para disseminar os preceitos ágeis. Quando as pessoas compartilhavam suas dificuldades na implementação da agilidade, sempre estava disposto e entusiasmado para ajudá-las. Eu apresentava uma solução de problemas e explicava o que achava que deveriam fazer.

Comecei a perceber que minha abordagem muitas vezes resultava em objeções e mais questionamentos. E não era só comigo. Na outra extremidade, já testemunhei diversos agilistas em sessões de conferência entrando em conflito com aqueles que ainda não tinham despertado para a agilidade. Comecei a perceber que, para as pessoas adotarem e utilizarem a agilidade de forma efetiva, era necessário outro meio de transmitir o conhecimento e a experiência ágeis que levassem em conta as circunstâncias exclusivas do aprendiz.

A Necessidade do Treinamento Ágil

O conceito ágil é simples; é descrito em pouquíssimas palavras no Manifesto Ágil. Mas se tornar ágil é difícil. Se fosse fácil, todo mundo já estaria "agilizando" por aí e não haveria necessidade de agile coaches. As pessoas já têm dificuldades com mudanças em geral, imagine com quantidade de mudanças necessárias para adotar completamente a agilidade. Para se tornar ágil, é necessário rever as opiniões arraigadas, a cultura, o processo, o pensamento e as formas de se trabalhar. Fazer com que uma pessoa mude de pensamento e ajudá-la a enxergar "o que eu ganho com a agilidade?" já é um desafio e tanto. Agora, fazer com que uma equipe inteira enxergue isso é dificuldade em dobro e, quando essa equipe faz parte de um ambiente tradicional de trabalho, a dificuldade é agravada.

O lugar-comum de todas as tentativas de mudança é que as pessoas fazem o que querem. O segredo para uma mudança duradoura é identificar problemas ou oportunidades de que as pessoas estejam cientes e a respeito das quais desejem fazer algo e, em seguida, ajudá-las a conquistar seus objetivos, oferecendo conhecimentos apenas quando solicitados e necessários. Todo o resto não funcionará. O treinamento ajuda as pessoas a descobrir os pontos cegos e a trazer à tona as crenças latentes que as impedem de progredir; ajuda as pessoas a reconhecer seus próprios desafios e alcançar seus próprios objetivos, em vez de se prescrever uma solução.

O Treinamento a Serviço do Agile Coach

Em 2008, Lyssa Adkins entrou em cena com uma abordagem bastante diferente do treinamento ágil. Ela enfatizou seu aspecto simples, introduzindo habilidades do coaching profissional no mundo do treinamento ágil.

À medida que aprendi mais sobre o coaching profissional e a abordagem de Lyssa e comecei a incorporá-los em meu trabalho, passei a entender que as pessoas agregam uma quantidade imensa de valor por meio do processo de coaching propriamente dito. É um valor totalmente apartado de qualquer ganho de conhecimento ou experiência ágeis que um coach também possa transmitir a elas.

Em 2010, Lyssa descreveu por completo sua abordagem de coaching ágil em seu livro *Coaching Agile Teams*.[11] Ao mesmo tempo, ela começou a oferecer um curso de treinamento ágil. Em 2011, esses objetivos de aprendizado constituíram a base dos objetivos de aprendizado da *Certified Agile Coach (ICP-ACC)*, da *ICAgile*, e o *International Consortium for Agile* começou a credenciar outros instrutores com suas próprias ICP-ACC. Atualmente, os cursos referentes às certificações ICP-ACC são a fonte mais abrangente de coaching profissional na área ágil.

Além da Certificação ICP-ACC

A certificação ICP-ACC engloba as habilidades de treinamento de escuta ativa, inteligência emocional, estar presente, dar um feedback claro e direto, fazer perguntas abertas e não direcioná-las e permanecer imparcial. O conjunto completo de habilidades de treinamento profissional é ainda mais amplo. Por exemplo, a *International Coach Federation* (ICF), que representa mais de 35 mil coaches profissionais certificados, define setenta competências organizadas em onze categorias. Tornar-se um coach profissional certificado envolve bastante treinamento e um rigoroso processo de certificação que exige que você demonstre todas as setenta competências e documente centenas de horas de treinamento pago.

Ferramentas de Treinamento

Muitas das estruturas, práticas, métodos e técnicas utilizados na comunidade ágil com o intuito de ensinar a agilidade e a ser ágil estão de acordo com os objetivos do coaching profissional. Elas são "ferramentas de treinamento" que ajudam indivíduos e grupos a descobrir por si mesmos o que está atrapalhando e a decidir como seguir em frente.

Uma das habilidades do treinamento são as *perguntas poderosas,* em que se deve "fazer perguntas que suscitem descoberta, insight, comprometimento ou ação". As retrospectivas, sobretudo as variações,

---

11. Adkins, L. 2010. *Coaching Agile Teams: A companion for ScrumMasters, Agile Coaches, and Project Managers in transition.* Boston, MA: Addison-Wesley. No Brasil: *Treinamento de Equipes Ágeis: Um guia para Scrum Masters, Agile Coaches e Gerentes de Projeto em transição*, Rio de Janeiro, 2020, Alta Books.

como "Equipe com os Melhores Resultados" ou "Seis Chapéus", são uma maneira de fazer perguntas poderosas que viabilizam à equipe identificar oportunidades de mudança por conta própria e decidir como correr atrás dessas oportunidades de forma independente. Um espaço aberto (vulgo *inconferência*) é um modo de fazer uma pergunta poderosa a um grande grupo de pessoas, até mesmo para uma organização inteira.

Caso já tenha feito um treinamento formal sobre a agilidade ou metodologia ágil, provavelmente você jogou diversos jogos que ilustravam os conceitos ágeis, como *penny game, Scrum simulations, Kanban Pizza* ou a construção de uma cidade com LEGO. Esses jogos proporcionam aos participantes um pouco da vivência que influencia a auto-organização, lotes pequenos, equipes multidisciplinares, TDD, Scrum e Kanban. Quando são realizados com o intuito de aumentar a conscientização dos participantes e permitir que decidam como prosseguir, eles captam a essência do coaching profissional.

Existe um crescente corpus de ferramentas de treinamento. Muitas delas podem ser encontradas em: tastycupcakes.org, retromat.org e liberatingstructures.com [todos os links com conteúdo em inglês].

As Habilidades de Coaching Professional Não São o Suficiente

Se estivermos trabalhando com uma equipe que nunca ouviu falar de Kanban, mas pode se beneficiar dele, não importa quantas perguntas poderosas ou quantas técnicas de coaching profissional se use, nada a levará a utilizar espontaneamente o Kanban. Nesse ponto, um agile coach recorre ao modo de oferecer conhecimento potencialmente útil. Caso a equipe se interesse, o agile coach fornecerá seus conhecimentos, ensinando e orientando a equipe com o objetivo de voltar ao simples treinamento, assim que a equipe dominar o conhecimento novo.

Existem seis áreas principais de conhecimento usadas pelos agile coaches: frameworks ágeis, transformação ágil, gerenciamento ágil de produtos, práticas técnicas ágeis, facilitação e treinamento. Cada coach usará seu próprio leque de habilidades. A maioria das organizações começa procurando um agile coach com experiência em algum framework ágil. À medida que as empresas progridem em sua jornada, elas passam a valorizar cada área ágil de especialização.

Uma área de especialização que as organizações sempre desvalorizam é a necessidade de todos os envolvidos na programação e nos testes serem bons em escrever código e em elaborar testes apropriados para um ambiente ágil, conforme descrito em outras partes deste livro. Isso é fundamental para manter o foco em adicionar novas funcionalidades com testes novos, em vez de atualizar incessantemente o código e os testes existentes e/ou aumentar a dívida técnica, o que compromete a velocidade.

Treinamento em um Ambiente com Muitas Equipes

Em meados de 2012, conforme mais organizações tinham sucesso com equipes individuais, houve um grande aumento no interesse da agilidade *em grande escala*. Ou seja, transformar uma organização criada de forma proposital de acordo com as formas tradicionais de trabalho em uma organização intencionalmente criada para respaldar as formas ágeis de se trabalhar.

Hoje em dia, a maioria dos treinamentos ágeis ocorre em um ambiente com muitas equipes, às vezes dezenas ou centenas delas. E, com frequência, começa com os recursos (pessoas) isolados e alocados para três ou mais projetos independentes. Nem todas essas "equipes" estão trabalhando juntas rumo a um objetivo comum, e sim em um ambiente tradicional que visa ganhos financeiros anuais, planejamento de portfólio e pensamento orientado a projetos, em vez de pensamento orientado à equipe e ao produto.

Agilidade em Grande Escala

A agilidade em grande escala é um problema bastante análogo à agilidade no âmbito da equipe. Parte da dificuldade de colher os frutos ágeis é identificar e remover os obstáculos que impedem uma equipe de coordenar o trabalho das solicitações rumo às pequenas versões no intervalo de algumas semanas. Ainda mais difícil é fazer com que a equipe efetue os lançamentos sob demanda.

Essas dificuldades se multiplicam e aumentam quando se tenta coordenar os esforços de muitas equipes para produzir uma única entrega. Infelizmente, é comum as grandes organizações tratarem a metodologia ágil como se fosse a implementação de um projeto tradicional. Ou seja, usar uma abordagem top-down em uma implementação extremamente centralizada de uma quantidade enorme de mudanças decididas no começo do projeto. E quando digo enorme, nesses termos, quero dizer milhares de mudanças mesmo. Milhares porque, quando você pede a centenas de pessoas que façam dezenas de mudanças em seu comportamento diário, cada uma delas tem uma chance de ter sucesso ou fracassar com base em como se sentem em relação ao impacto dessas mudanças em suas vidas. Quando se começa dizendo que um grande framework ágil é o caminho, é a mesma coisa que dizer: "Nosso plano é implementar essa quantidade enorme de requisitos de software."

Em minha jornada ao trabalhar com muitas implementações ágeis grandes (muitas delas com centenas de equipes) e ao lado de muitos agile coaches experientes, a coisa mais importante que aprendi é: o problema de abraçar a agilidade é exatamente o mesmo problema que desenvolver um software bem-sucedido. Assim como é melhor desenvolver seu software com base na interação frequente do cliente, as únicas mudanças de processo que permanecerão são aquelas diretamente relacionadas ao que as pessoas afetadas entendem e querem, levando em conta suas próprias circunstâncias. Dito de outro modo, acredito que a estratégia de transformação ágil mais efetiva é tratar a introdução da agilidade como uma empreitada ágil, usando as habilidades de coaching.

Usando a Agilidade e o Coaching para Se Tornar Ágil

O Manifesto Ágil é um ótimo modelo para coaching e coordenação do trabalho de diversas equipes: "Promova o ambiente e o apoio necessários e confie no trabalho delas." Para tal, a comunidade ágil instaurou uma série de padrões de escalonamento compatíveis com os valores e os princípios do Manifesto Ágil. Não estou me referindo aos frameworks e sim às práticas individuais a partir das quais todos os frameworks são construídos.

Todos os frameworks são basicamente receitas "prontas" compostas de práticas ágeis individuais. Em vez de implementar uma dessas receitas, considere o uso da agilidade e do coaching a fim de identificar e implementar uma receita personalizada feita sob medida para suas circunstâncias específicas. Se no final essa receita acabar sendo o SAFe, o Nexus, o LeSS ou o Scrum@Scale, será ótimo!

A seguir, apresento a visão geral de como os agile coaches corporativos mais bem-sucedidos combinam a agilidade e o coaching para identificar e implementar a metodologia ágil de um modo perfeito para a organização. A essência do treinamento em âmbito individual visa ajudar as pessoas a resolver os problemas por conta própria. O treinamento no âmbito de equipe e organizacional significa ajudar as equipes a alcançar seus objetivos por conta própria. Primeiro, o coach considera todas as pessoas afetadas pela implementação ágil como "clientes". Em seguida, usando retrospectivas, eventos de espaço aberto e técnicas semelhantes, eles identificam o que os clientes enxergam como desafios e oportunidades. Isso se torna o backlog de implementação ágil da organização. Depois, utilizando ferramentas de tomada de decisão em grupo, como votação por pontos, o coach determina a prioridade do backlog. Então, ele ajuda a organização a implementar algumas das prioridade do backlog. Por fim, ele faz a retrospectiva e repete. Claro que para muitos dos envolvidos, esse será o primeiro contato com a agilidade. O treinamento individual não é o bastante; o ensino e a orientação também serão utilizados para que as pessoas possam tomar decisões fundamentadas.

Desenvolvendo a Agilidade

A seguir, apresento uma lista de práticas individuais a serem consideradas para o backlog da implementação ágil. Esta lista foi elaborada originalmente e atualizada de forma periódica por um trio de agile coaches. Ela reúne notas adesivas, de-duping e votação por pontos com um grupo de cerca de uma dúzia de coaches corporativos. É somente uma descrição pormenorizada dessas práticas para referência. Existem muito mais práticas ágeis por aí — considere isso um ponto de partida. Por exemplo, em vez de adotar Scrum, Kanban, XP ou um dos frameworks de escalonamento, analise qual de cada prática da lista seguinte é mais relevante para a necessidade atual de um grupo ou equipe definido e a adote. Experimente por um tempo e repita.

- **As práticas do Kanban:** As práticas do Kanban envolvem deixar o trabalho visível (por meio de um mural de cartões), restringir o trabalho em andamento e realizar trabalhos por meio do sistema pull.

- **As práticas do Scrum e XP:** Essas duas metodologias são agrupadas porque são bastante parecidas, exceto as práticas técnicas XP. No SAFe, por exemplo, elas são coletivamente chamadas de *ScrumXP*. As duas abarcam uma ampla variedade de práticas, como pequenas reuniões diárias da equipe, um Product Owner, um facilitador de processos (vulgo Scrum Master), retrospectivas, uma equipe multidisciplinar, histórias de usuários, pequenas versões, refatoração, escrever os testes primeiro e programação em dupla.

- **Alinhamento dos eventos da equipe:** Quando diversas equipes participam de eventos, como reuniões diárias e retrospectivas, alinhados oportunamente, é possível compilar os impedimentos diários e sistêmicos por meio de uma árvore de escalonamento. Isso implica o alinhamento do início e do término da iteração, bem como sua duração. As equipes que não usam iterações e são capazes de realizar lançamentos sob demanda podem se alinhar conforme o ritmo.

- **Árvore de escalonamento:** Se é conveniente trabalhar sempre nos itens que agregam o valor mais alto, é conveniente escalonar de imediato os impedimentos por um caminho de escalação bem definido. Isso se aplica à prática comumente usada do "Scrum of Scrums" e à menos conhecida "retrospectiva de retrospectivas". O padrão usado é padrão fractal de escala do Scrum@Scale via Scrum e o Scrum of Scrums para respaldar uma equipe de ação executiva.

- **Interação regular entre as equipes:** Essa prática envolve interação regular entre os Scrum Masters, os Product Owners e os membros da equipe que estão trabalhando juntos em uma entrega comum. Um método é realizar os eventos regulares em um espaço aberto.

- **Portfólio Kanban:** As práticas tradicionais de gerenciamento de portfólio costumam alocar pessoas em várias equipes, resultando na multitarefa desenfreada. A multitarefa gera conflito, aumenta a complexidade e reduz a produtividade. O Portfólio Kanban define os limites do trabalho em andamento no âmbito da ação a fim de garantir que a organização esteja sempre focada no trabalho de maior valor. Uma quantidade menor de projetos em andamento ao mesmo tempo também simplifica (ou até elimina) a coordenação entre as diversas equipes. O Portfólio Kanban funciona melhor quando combinado com Incrementos Mínimos Viáveis.

- **Incrementos Mínimos Viáveis:** Existem muitas versões dessa ideia, mas todas se resumem a pensar sobre qual é o caminho mais curto para agregar o valor mais alto no menor tempo possível. Um número crescente de organizações está levando isso ao extremo, implementando a Entrega Contínua: lançando pequenas atualizações com frequência, às vezes muitas vezes ao dia.

Torne-se Grande ao Focar as Pequenas Coisas

A maioria das equipes que adotam a agilidade se depara com problemas quando se concentra mais em lidar com a complexidade em vez de resolver as coisas de forma simples. Em minha experiência, um dos pilares fundamentais da agilidade são os níveis altos da metodologia ágil no âmbito da equipe e os níveis baixíssimos de complexidade em todos os âmbitos. Não adianta usar um contingente de *dinâmicas speedboats* se todo mundo não estiver no mesmo barco. Veja a seguir algumas práticas geralmente associadas à agilidade em nível de equipe que desempenham funções duplas como facilitadores da coordenação entre equipes.

- **Os princípios SOLID:** Embora esses princípios sejam valiosos em qualquer escala, são principalmente úteis para simplificar a coordenação entre equipes, reduzindo radicalmente as dependências.

- **Histórias pequenas e valiosas de usuário:** Histórias pequenas e individualmente entregáveis restringem o escopo das dependências, simplificando a coordenação entre equipes.

- **Pequenas versões frequentes:** Se essas versões são entregues ao cliente ou não, a prática de ter um produto entregável em todas as equipes envolvidas ajuda a solucionar os problemas de coordenação e arquitetura de modo que a causa-raiz possa ser identificada e tratada. Algumas equipes Scrum se esquecem disso, porém o Scrum afirma: "O incremento deve estar em condições utilizáveis, independentemente do Product Owner decidir liberá-lo." Isso significa que deve ser integrado ao trabalho de outras equipes das quais depende.

- **Integração Contínua:** A XP assume uma posição ainda mais forte na integração, exigindo integração em todo o produto após cada check-in.

- **Design Simples:** Essa prática, também conhecida como Design Emergente, é uma das práticas mais difíceis de se aprender e implementar, porque contraria as expectativas. As equipes têm suas dificuldades mesmo quando não precisam se coordenar com outras equipes. Ao se coordenar diversas equipes, arquiteturas monolíticas, centralizas e predefinidas criam dependências gigantescas entre essas equipes, que passam a depender do mesmo ritmo de trabalho, ainda que forçosamente, anulando grande parte dos princípios ágeis. O Design Simples, sobretudo quando aliado às práticas como uma arquitetura de microsserviços, viabiliza a implementação ágil.

O Futuro do Treinamento Ágil

Nos últimos anos, o coaching e a facilitação profissionais começaram a entrar no conteúdo programático da agilidade. O curso *Advanced Certified Scrum Master* (ACSM), da Scrum Alliance, tem alguns objetivos de aprendizado relacionados ao coaching e à facilitação, e seus programas *Certified Team Coach* (CTC) e *Certified Enterprise Coach* (CEC) exigem que você adquira ainda mais habilidades de facilitação e coaching do que antes. O guia Scrum agora se refere aos Scrum Masters como coaches a serviço de outros.

À medida que mais pessoas são expostas ao coaching profissional por meio dos cursos mencionados acima e por meio da interação com coaches profissionais que trabalham na comunidade ágil, a parte "coach" do agile coach está despertando mais atenção. Nos últimos meses, parece que o interesse pelo coaching profissional deslanchou. As pessoas começaram a abrir mão do caminho via ICP-ACC em favor de percorrer o caminho ICF. A primeira escola de treinamento credenciada pela ICF que atende aos agilistas foi formada e há pelo menos mais uma a caminho. O futuro do treinamento ágil é extraordinário.

Conclusão (Bob na Escuta de Novo)

Em muitos aspectos, este capítulo foi mais sobre o que *não* fazer do que sobre o que fazer. Talvez seja porque já vi muitos exemplos de como *não* se tornar ágil. Afinal de contas, ainda penso, como pensava há vinte anos: "O que seria mais fácil que isso? Basta seguir algumas disciplinas e práticas simples. Nada demais."

7
ARTESÃOS DE SOFTWARE

Por Sandro Mancuso, 27 de abril de 2019

Paul Revere foi um ourives e artesão norte-americano, considerado herói de guerra devido aos seus serviços prestados como mensageiro na Guerra de Independência dos Estados Unidos.

Empolgação. Foi o que muitos desenvolvedores sentiram quando ouviram falar sobre a metodologia ágil pela primeira vez. Para a maioria de nós, desenvolvedores vindos das fábricas de software e de uma mentalidade Cascata, a agilidade era a esperança de independência. Era a esperança de trabalharmos em um ambiente colaborativo e de que nossas opiniões fossem ouvidas e respeitadas. Nós teríamos processos e práticas de trabalho melhores. Trabalharíamos em iterações e ciclos breves de feedback. Lançaríamos nossas aplicações para produção regularmente. Interagiríamos com os usuários e receberíamos seu feedback. Inspecionaríamos e adaptaríamos constantemente nossos modos de trabalhar. Estaríamos envolvidos desde o início do processo. Teríamos contato diário com o negócio. Na verdade, seríamos uma equipe única. Analisaríamos com regularidade os desafios técnicos e de negócios e, juntos, chegaríamos a um acordo de que percurso seguir e seríamos tratados como profissionais. As áreas de negócio e de tecnologia andariam de mãos dadas para produzir ótimos produtos de software, agregando valor às nossas empresas e clientes.

A princípio, achamos que a agilidade era boa demais para ser verdade. Achávamos que nossas empresas nunca adotariam a mentalidade ágil, muito menos as práticas ágeis. No entanto, a maioria adotou, e ficamos absolutamente surpresos. Do nada, tudo estava diferente. Nós tínhamos registros de produtos e histórias de usuários em vez de documentos de requisitos. Tínhamos quadros físicos e gráficos burn-down em vez de gráficos de Gantt. Tínhamos notas adesivas que atualizávamos todas as manhãs conforme o nosso progresso. Havia algo poderoso nessas notas adesivas — algo que ocasionava um profundo vício psicológico. Elas eram a representação da nossa *agilidade*. Quanto mais notas adesivas tínhamos nas paredes, mais "ágeis" nos sentíamos. Nós nos tornamos uma equipe Scrum em vez de uma equipe de construção. E não tínhamos mais gerentes de projeto. Fomos informados de que não precisávamos ser gerenciados; nossos gerentes agora seriam Product Owners, e nós nos organizaríamos sozinhos. Foi dito para nós que os Product Owners e desenvolvedores do produto trabalhariam em estreita colaboração, como uma única equipe. E, a partir de agora, como equipe Scrum, éramos capacitados para tomar decisões — não somente decisões técnicas, mas relacionadas ao projeto. Ou assim pensávamos.

A metodologia ágil tomou a indústria de software de assalto. Mas, como um telefone sem fio, as ideias originais da agilidade foram distorcidas e simplificadas, chegando às empresas como uma promessa de *um processo para entregar o software mais rápido.* Para empresas e gerentes que usam o Método Cascata ou RUP, isso era música para seus ouvidos.

Gerentes e partes interessadas estavam empolgados. No final das contas, quem não gostaria de ser ágil? Quem não gostaria de entregar software mais rápido? Mesmo entre os descrentes, a agilidade não podia ser desprezada. Se os seus concorrentes estão anunciando que são ágeis, e você não é, qual o impacto disso em sua empresa? O que seus clientes em potencial pensariam a seu respeito? As empresas não podiam se dar ao luxo de não serem ágeis. E nos anos que se seguiram ao *Agile Summit*, empresas de todo o mundo embarcaram em sua transformação ágil. A Era da Transformação Ágil havia começado.

A RESSACA ÁGIL

A transição de uma cultura para outra não era nada fácil. As empresas precisavam de ajuda externa para transformar sua organização e surgiu uma demanda colossal por um novo tipo de profissional: agile coaches. Muitos sistemas de certificação ágeis foram criados. Era possível tirar algumas certificações simplesmente participando de um curso de treinamento de dois dias.

Vender processos ágeis para gerentes de nível médio era um negócio fácil — todos queriam que o software fosse entregue rapidamente. "A tecnologia é a parte fácil. Se reformularmos o processo, tudo será reformulado", alegavam os gerentes. "O problema é sempre as pessoas." E as pessoas acreditavam. Gerentes gerenciam pessoas e, desde que estejam no comando, ficam alegres em ter seus subordinados diretos trabalhando mais rápido.

Muitas empresas efetivamente colheram os frutos de sua transformação ágil, e hoje elas estão em uma posição bem melhor do que estavam antes. Muitas dessas empresas conseguem fazer deploy de um software em produção diversas vezes ao dia e ter os negócios e a tecnologia trabalhando realmente como uma única equipe. Porém, isso não ocorre em muitas outras empresas. Os gerentes dispostos a incentivar os desenvolvedores a trabalharem mais rápido estão usando toda a transparência do processo para microgerenciá-los. Agile coaches, sem um pingo de experiência comercial nem técnica, estão treinando *gerentes* e dizendo às equipes de desenvolvimento o que fazer. Os gerentes estão definindo as roadmaps e os marcos e os empurrando goela abaixo das equipes de desenvolvimento — os desenvolvedores podem estimar o trabalho, mas são pressionados a ajustar suas estimativas aos marcos que lhes são impostos. É razoavelmente comum ver projetos que têm todas as suas iterações e respectivas histórias de usuário já definidas pelo gerenciamento pelos próximos seis a doze meses. Deixar de entregar todos os pontos da história em um sprint implica que os desenvolvedores devem trabalhar mais no próximo sprint a fim de compensar o atraso. As reuniões diárias se tornam reuniões em que os desenvolvedores devem informar o progresso aos Product Owners e aos agile coaches, pormenorizando em que estão trabalhando e quando as coisas serão concluídas. Se o Product Owner achar que os desenvolvedores estão gastando muito tempo nos testes automatizados, na refatoração ou na programação em pares, ele simplesmente faz a equipe parar.

O trabalho técnico estratégico não tem lugar em processos ágeis *desses* Product Owners. Não existe necessidade de arquitetura ou design. A ordem é simplesmente se concentrar no item de maior prioridade do backlog e fazê-lo o mais rápido possível — um item prioritário atrás do outro. Essa abordagem resulta em uma longa cadeia de trabalho tático interativo e na acumulação de dívida técnica. Softwares precários, os famosos monólitos (ou monólitos distribuídos para as equipes que tentam fazer os microsserviços) se tornam a regra. Os bugs e problemas operacionais são tópicos populares de discussão durante reuniões e retrospectivas diárias. Os lançamentos em produção não são tão frequentes quanto os negócios esperavam. Os ciclos de teste manual ainda demoram dias, se não semanas, para serem concluídos. E a esperança de que a implementação da agilidade evitaria todas essas dificuldades evaporou. Os gerentes culpam os desenvolvedores por não progredirem rápido o bastante. Os desenvolvedores acusam os gerentes por não permitirem que executem o trabalho técnico e estratégico necessário. Os Product Owners não se consideram parte da equipe e não compartilham a responsabilidade quando as coisas saem errado. A cultura nós vs. eles reina dominante.

Isso é o que chamamos de *Ressaca Ágil*. Após anos de investimento em uma transformação ágil, as empresas perceberam que ainda tinham muitos dos problemas que já tinham antes. E a agilidade está sendo responsabilizada por isso, claro.

DESENCONTRO DE EXPECTATIVAS

Transformações ágeis que focam unicamente o processo são transformações parciais. À medida que os agile coaches tentam orientar gerentes e equipes de entrega em relação aos processos ágeis, ninguém ajuda os desenvolvedores a aprender práticas técnicas e tecnologia ágeis. A suposição de que estabelecer a colaboração entre as pessoas melhora a tecnologia não poderia estar mais errada.

A boa colaboração derruba algumas barreiras que as pessoas têm para realizar seu trabalho, mas não necessariamente as torna mais qualificadas.

Existe uma grande expectativa que acompanha a implementação ágil: as equipes de desenvolvimento devem disponibilizar software para produção assim que uma funcionalidade for concluída, ou pelo menos no final de cada iteração. Para a maioria das equipes de desenvolvimento, essa é uma mudança expressiva. Não existe como eles serem capazes de fazer isso sem mudar o jeito como trabalham, e isso implica aprender a dominar as práticas novas. Só que existem alguns problemas. Raramente existe um orçamento para que os desenvolvedores aprimorem suas habilidades durante as transformações ágeis. Os negócios não esperam que os desenvolvedores reduzam o ritmo durante a implementação ágil. A maioria nem sabe que os desenvolvedores precisam aprender práticas novas. Foi dito a eles que, se trabalhassem de forma mais colaborativa, os desenvolvedores trabalhariam mais rápido.

A liberação a cada duas semanas do software em produção exige muita disciplina e habilidades técnicas — habilidades que não são comumente encontradas em equipes acostumadas a entregar o software algumas vezes por ano. As coisas pioram quando se espera que diversas equipes, com alguns desenvolvedores, trabalhando juntas nos mesmos sistemas, disponibilizem as funcionalidades em produção à medida que as concluem. O conhecimento profundo das práticas técnicas e da tecnologia deve ser excepcionalmente alto para que as equipes executem o deploy do software em produção diversas vezes ao dia, sem colocar em risco a estabilidade geral do sistema. Os desenvolvedores não podem escolher um item prioritário do backlog de produtos, começar a programar e achar que tudo ficará bem quando subirem as coisas em produção. Eles precisam de pensamento estratégico; precisam de um design modular que sustente o trabalho paralelo; precisam vestir regularmente a camisa das mudanças, assegurando que o sistema sempre possa ser implementado em produção.

Para tal, eles precisam desenvolver de forma contínua um software flexível e robusto. No entanto, equilibrar a flexibilidade e a robustez com a necessidade de implementar o software de forma contínua em produção é bastante difícil e não pode ser feito sem as habilidades tecnológicas necessárias.

Não é nem um pouco realista achar que as equipes desenvolverão essas habilidades meramente promovendo um ambiente mais colaborativo. As equipes precisam de apoio a fim de adquirir essas habilidades técnicas. Esse apoio pode acontecer por meio de uma combinação de coaching, treinamento, experimentação e autoaprendizagem. A agilidade dos negócios está diretamente associada à rapidez com que as empresas podem desenvolver seus softwares, e isso significa o desenvolvimento de suas habilidades tecnológicas e práticas técnicas.

TOMANDO DISTÂNCIA

Obviamente, nem toda transformação ou empresa ágil sofre de todos os problemas descritos antes, ou pelo menos, não no mesmo grau. Em termos de negócios, é justo afirmar que a maioria das empresas que passou por uma transformação ágil, ainda que parcialmente, está melhor hoje. Elas estão trabalhando em iterações mais curtas. A colaboração entre negócios e tecnologia está mais próxima do que era antes. A identificação dos problemas e dos riscos é feita com antecedência. As empresas estão respondendo de forma mais rápida à medida que obtêm novas informações, realmente colhendo os frutos de uma abordagem iterativa em desenvolvimento de software. Contudo, embora sejam melhores do que eram antes, a divisão entre processos e a tecnologia ágeis ainda as prejudica. Grande parte dos agile coaches modernos não tem habilidades técnicas suficientes (se tiveram alguma) para orientar os desenvolvedores em práticas técnicas e raramente falam sobre tecnologia. No decorrer dos anos, os desenvolvedores começaram a enxergar os agile coaches como outra camada de gerenciamento: pessoas lhes dizendo o que fazer em vez de ajudá-los a melhorar o que fazem.

Os desenvolvedores estão se distanciando da agilidade ou a agilidade está se distanciando dos desenvolvedores?

A resposta para essa pergunta provavelmente é: as duas coisas. Ao que tudo indica, a agilidade e os desenvolvedores estão se distanciando. Em muitas organizações, a metodologia ágil se tornou sinônimo de Scrum. XP, quando existe, é reduzida a algumas práticas técnicas, como TDD e Integração Contínua. Os agile coaches esperam que os desenvolvedores usem algumas das práticas XP, mas não ajudam nem um pouco ou se intrometem na maneira como os desenvolvedores estão trabalhando. Muitos Product Owners (ou gerentes de projeto) ainda não se sentem parte da equipe e não se sentem responsáveis quando as coisas não saem conforme o planejado. Os desenvolvedores ainda precisam negociar bastante com a empresa a fim de efetuarem as melhorias técnicas necessárias para continuar desenvolvendo e fazendo a manutenção do sistema.

> *As empresas ainda não são maduras o bastante para entender que os problemas técnicos são, na verdade, problemas de negócios.*

Com um foco cada vez menor nas habilidades técnicas, a metodologia ágil pode trazer melhorias consideráveis aos projetos de software além do que trouxe até agora? A agilidade ainda está focada em *identificar formas melhores de desenvolver o software fazendo isso e ajudando outras pessoas a fazê-lo,* conforme descrito no Manifesto Ágil? Não tenho tanta certeza.

SOFTWARE CRAFTSMANSHIP

Com o intuito de elevar o nível do desenvolvimento profissional de software e restabelecer alguns dos objetivos originais da agilidade, um grupo de desenvolvedores se reuniu em novembro de 2008 em Chicago para criar um novo movimento: o Software Craftsmanship. Nessa reunião, análogo ao que aconteceu durante o *Agile Summit* em 2001, eles concordaram com um conjunto de valores fundamentais e elaboraram um novo manifesto[1] baseado no Manifesto Ágil:

> *Como aspirantes a verdadeiros artesãos de software, estamos ampliando as fronteiras da qualidade no desenvolvimento profissional de programas de computadores por meio da prática e ensinando outros a aprender nossa arte. Graças a esse trabalho, valorizamos:*

- Não apenas software em funcionamento, mas **software de excelente qualidade.**

---

1. http://manifesto.softwarecraftsmanship.org

- Não apenas responder a mudanças, mas **agregar valor de forma constante e crescente.**

- Não apenas indivíduos e suas interações, mas **uma comunidade de profissionais.**

- Não apenas a colaboração do cliente, mas **parcerias produtivas.**

Sendo assim, descobrimos que, para atingir os objetivos à esquerda, os que estão à direita são indispensáveis.

O Manifesto de Software Craftsmanship descreve uma ideologia, um mindset. Promove o profissionalismo por meio de diferentes perspectivas.

Software de excelente qualidade significa código com um design simples e testado. É um código que não temos receio de modificar e que possibilita que os negócios respondam de modo rápido. É um código flexível e robusto.

Agregar valor de forma constante e crescente indica que não importa o que façamos, devemos sempre estar comprometidos a fornecer incessantemente um valor crescente aos nossos clientes e colaboradores.

Uma comunidade de profissionais denota que devemos compartilhar e aprender uns com os outros, elevando o nível do nosso setor. Somos responsáveis por preparar a próxima geração de desenvolvedores.

Parcerias produtivas indicam que teremos um relacionamento profissional com nossos clientes e colaboradores. Sempre nos comportaremos com ética e respeito, orientando e trabalhando com nossos clientes e colaboradores da melhor maneira possível. Esperaremos uma relação de respeito mútuo e profissionalismo, ainda que precisemos tomar a iniciativa e liderar pelo exemplo.

Enxergaremos nosso trabalho não como algo necessário a fazer parte de uma atribuição, mas como um serviço profissional que prestamos. Assumiremos a responsabilidade por nossas próprias carreiras, investindo nosso tempo e dinheiro com o intuito de melhorar o que fazemos. Esses valores não são somente profissionais — são também pessoais. Os artesãos se empenham para realizar o melhor trabalho possível, não porque alguém esteja pagando, mas sim com base no desejo de fazer as coisas bem.

Milhares de desenvolvedores mundo afora assinaram de imediato os princípios e valores defendidos pelo Software Craftsmanship. A emoção autêntica que os desenvolvedores sentiram nos primeiros dias da metodologia ágil não estava apenas de volta, também estava mais forte. Os artesãos, como se intitulam, decidiram que seu movimento não seria desvirtuado mais uma vez. É um movimento de desenvolvedores; um movimento que inspira os desenvolvedores a serem o melhor que podem ser; um movimento que inspira os desenvolvedores a se tornarem e se verem como profissionais altamente qualificados.

IDEOLOGIA VERSUS METODOLOGIA

Uma ideologia é um sistema de preceitos e ideais. Uma metodologia é um sistema de métodos e práticas. Uma ideologia estabelece os ideais a serem alcançados. Uma ou mais metodologias podem ser usadas a fim de alcançar esses ideais — são um meio para atingir um fim. Ao analisar o Manifesto Ágil e os 12 Princípios Ágeis,[2] podemos ver claramente a ideologia que os embasa. O principal objetivo da metodologia ágil é proporcionar agilidade nos negócios e satisfação do cliente, e isso é alcançado por meio da estreita colaboração, desenvolvimento iterativo, ciclos breves de feedback e excelência técnica. Metodologias como Scrum, Extreme Programming (XP), Desenvolvimento de Sistemas Dinâmicos (DSDM), Desenvolvimento de Software Adaptativo (ASD), Crystal Methods, Desenvolvimento Orientado à Funcionalidade (FDD) e outras metodologias são todas meios para alcançar o mesmo fim.

Metodologias e práticas são como rodinhas de apoio; elas são ótimas para começar. À medida que as crianças aprendem a andar de bicicleta, as rodinhas de apoio permitem que elas comecem de maneira segura e controlada. Uma vez que sentem mais confiança, levantamos um pouco as rodinhas para que aprendem a se equilibrar. Depois, retiramos uma das rodinhas. Em seguida, a outra. Nesse momento, a criança está pronta para continuar sozinha. No entanto, se focarmos muito a importância das rodinhas e as usarmos por tempo demais, a criança ficará muito dependente e não vai querer removê-las. O foco obcecado em uma metodologia ou um conjunto de práticas desvia as equipes e as

---

2. https://agilemanifesto.org/principles.html

organizações de seus verdadeiros objetivos. O objetivo é ensinar uma criança a andar de bicicleta, e não adotar o uso das rodinhas de apoio.

Em seu livro *Gerenciamento Ágil de Projetos: Criando produtos inovadores* (Alta Books), Jim Highsmith afirma: "Os princípios sem as práticas são vazios, ao passo que as práticas sem os princípios costumam ser implementadas de forma mecânica, sem entendimento. Os princípios orientam as práticas. As práticas representam os princípios. As duas coisas são indissociáveis."[3] Ainda que as metodologias e as práticas sejam um meio para alcançar um fim, não devemos deixar de lado sua importância. Os profissionais são definidos pela forma como trabalham. Não podemos alegar que temos determinados princípios e valores quando nossas formas de trabalhar (métodos e práticas) não estão alinhadas com eles. Bons profissionais podem descrever explicitamente como trabalham, em um contexto específico. Eles dominam um amplo conjunto de práticas e são capazes de usá-las conforme suas necessidades.

O SOFTWARE CRAFTSMANSHIP TEM PRÁTICAS?

O Software Craftsmanship não tem práticas. Longe disso, promove uma busca perpétua por melhores práticas e formas de trabalhar. As boas práticas são boas até descobrirmos outras melhores para substituí-las. Atribuir práticas específicas ao Software Craftsmanship o tornaria vulnerável e obsoleto conforme práticas melhores fossem descobertas. Mas isso não quer dizer que a comunidade internacional do Software Craftsmanship não defenda nenhuma prática. Pelo contrário, desde a sua criação, em 2008, essa comunidade considera a XP o melhor conjunto de práticas de desenvolvimento ágil atualmente disponível. O TDD, a Refatoração, o Design Simples, a Integração Contínua e a Programação em Dupla são bastante defendidos pela comunidade Software Craftsmanship — mas são práticas XP, não práticas Craftsmanship. E não são as únicas práticas. O Software Craftsmanship também promove os princípios do código limpo e do SOLID. Incentiva pequenos commits, Pequenas Versões e Entrega Contínua. Estimula a modularidade no design de software e qualquer tipo de automação que elimine o trabalho manual e repetitivo. E fomenta práticas que

---

3. Highsmith, J. 2009. *Agile Project Management: Creating innovative products,* 2º ed. Boston, MA: Addison-Wesley, 85.

melhoram a produtividade, mitigam os riscos e ajudam a produzir um software valioso, robusto e flexível.

O Craftsmanship não se trata somente de práticas técnicas, engenharia e autoaperfeiçoamento. Trata-se também do profissionalismo e de possibilitar que os clientes alcancem seus objetivos de negócios. E essa é uma área em que a metodologia ágil, o Lean e o Craftsmanship estão em perfeita sintonia. Todos têm objetivos semelhantes, mas abordam o problema de perspectivas distintas, mesmo que igualmente importantes e complementares.

FOQUE O VALOR, NÃO A PRÁTICA

Um erro comum nas comunidades ágeis e de Software Craftsmanship é promover as práticas, e não o valor que elas agregam. Tomemos o TDD como exemplo. Uma das perguntas mais comuns feitas nas comunidades de Software Craftsmanship é: "Como convencer meu gerente/colega/equipe a adotar o TDD?" Essa é a pergunta errada. O problema é que estamos oferecendo uma solução antes de chegar a um acordo sobre esse mesmo problema. As pessoas não mudarão a forma de trabalhar se não virem o valor.

Em vez de insistir no TDD, talvez possamos entrar em um acordo sobre o valor de reduzir o tempo necessário para testar todo o sistema. Quanto tempo leva hoje? Duas horas? Dois dias? Duas semanas? Quantas pessoas estão envolvidas? E se conseguíssemos reduzi-lo para vinte minutos? Dois minutos? Quem sabe até dois segundos? E se pudéssemos fazer isso a qualquer momento, somente pressionando um botão? Isso traria um bom retorno sobre o investimento? Facilitaria nossa vida? Conseguiríamos lançar um software confiável mais rápido?

Se concordarmos que a resposta é sim, podemos começar a falar sobre as práticas que podem nos ajudar a conquistar isso. O TDD seria uma escolha natural, nesse caso. Para aqueles que não gostam tanto dele, devemos perguntar qual prática preferem. Qual prática podem sugerir que poderia agregar o mesmo valor, ou mais alto, de acordo com os objetivos acordados?

Chegar a um acordo primeiro no que diz respeito aos objetivos a serem alcançados é essencial quando se discute as práticas. A única coisa que não se deve aceitar é rejeitar uma prática sem fornecer uma alternativa melhor.

Discutindo as Práticas

A discussão sobre práticas deve ser feita em determinado nível e com as pessoas certas. Se queremos adotar práticas que melhorem a colaboração entre os negócios e a tecnologia, as pessoas de negócios e de tecnologia devem estar envolvidas na discussão. Se os desenvolvedores estão analisando as práticas que lhes permitam desenvolver sistemas de uma maneira melhor, não há razão para envolver as pessoas de negócios. Os negócios devem estar envolvidos somente quando houver um impacto substancial no custo ou na duração do projeto.

Existe uma diferença entre desenvolver novamente a arquitetura de um sistema monolítico inteiro em microsserviços e implementar o TDD. O primeiro impacta significativamente o custo e a duração do projeto; o último, não, desde que os desenvolvedores estejam à vontade com a técnica. O fato de automatizarem ou não seus testes não deve ser relevante para os negócios. É ainda menos relevante se os testes automatizados são escritos antes ou depois do código de produção. A empresa deve se preocupar em reduzir gradualmente o lead time das ideias de negócios para o software em produção. Reduzir o montante de dinheiro e o tempo gasto em retrabalho (bugs, processos manuais como teste, implementação e monitoramento de produção) também é uma preocupação do negócio que deve ser tratada pelas equipes de desenvolvimento. Reduzir o custo de testes também é uma preocupação dos negócios. Os teste se tornam muito caros quando o software não é modular e não é fácil de testar. As pessoas de negócios e os desenvolvedores devem conversar sobre o valor de negócio, não sobre práticas técnicas.

Os desenvolvedores não devem solicitar autorização para escrever os testes. Não devem ter tarefas separadas para os testes unitários ou a refatoração e nem a fim de implementar uma funcionalidade em produção. Essas atividades técnicas devem ser levadas em consideração no desenvolvimento de qualquer funcionalidade. Elas não são opcionais. Os gerentes e os desenvolvedores devem discutir apenas o que será entregue e quando, e não como. Sempre que os desenvolvedores detalham como elas funcionam, convidam os gerentes a microgerenciá-los.

Estamos afirmando que os desenvolvedores devem esconder como elas funcionam? Não, longe disso. Os desenvolvedores devem ser capazes de descrever claramente como funcionam e as vantagens de trabalhar desse modo para quem estiver interessado. O que não devem fazer é permitir que outras pessoas decidam como as funcionalidades devem operar. As conversas entre os desenvolvedores e as pessoas de negócios devem girar em torno do porquê, o quê e quando — não como.

O Impacto do Craftsmanship nas Pessoas

O Craftsmanship impacta profundamente as pessoas. É comum vê-las separando suas vidas pessoais de suas vidas profissionais. Frases como "não quero falar sobre trabalho depois que sair do escritório" ou "tenho interesses diferentes na vida" são ditas de um modo que passa a impressão de que o trabalho é uma tarefa árdua, uma coisa horrível ou algo que você faz porque precisa, não porque quer. O problema de separar nossas vidas em muitas vidas é que elas estão sempre em conflito. Sempre existe a sensação de que devemos sacrificar uma vida em prol de outra, independentemente daquela que escolhemos.

O Craftsmanship estimula o desenvolvimento de software como uma profissão. Existe uma diferença entre ter um emprego e ter uma profissão. Um emprego é algo que fazemos, mas que não faz parte de quem somos. Uma profissão, por outro lado, faz parte de quem somos. Quando alguém pergunta: "O que você faz?", uma pessoa com um emprego normalmente responde algo como "Eu *trabalho para* empresa X" ou "Eu *trabalho como* desenvolvedor de software". Mas, a pessoa com uma profissão geralmente diria: "Eu *sou* desenvolvedor de software." Uma profissão exige investimento. É algo que queremos melhorar. Queremos aprender mais habilidades e ter uma carreira duradoura e gratificante.

Isso não significa que passamos menos tempo com nossas famílias ou que não tenhamos outros interesses na vida. Ao contrário, significa que encontraríamos uma forma de equilibrar todos os nossos compromissos e interesses, de modo que possamos viver uma vida única, equilibrada e feliz. Existem momentos em que queremos dar mais atenção à nossa família, à nossa profissão ou a um hobby. E está tudo bem. Temos necessidades distintas em momentos diferentes. Porém, trabalhar não deve ser uma obrigação quando temos uma profissão. É apenas outra coisa que fazemos que nos traz satisfação e nos preenche como pessoas. Uma profissão dá sentido às nossas vidas.

O Impacto do Craftsmanship em Nosso Setor

Desde 2008, um número crescente de comunidades e conferências de Software Craftsmanship estão sendo organizadas em todo o mundo, despertando o interesse de milhares de desenvolvedores. Enquanto as comunidades ágeis destacam o lado pessoal e do processo dos projetos de software, as comunidades de Craftsmanship focam mais o lado técnico. Elas foram essenciais para estimular a XP e muitas outras práticas técnicas para muitos desenvolvedores e empresas mundo afora. É por intermédio das comunidades de Software Craftsmanship que muitos desenvolvedores estão aprendendo TDD, Integração Contínua, Programação em Dupla, Design Simples, os princípios SOLID, Código Limpo e Refatoração. Eles também estão aprendendo a arquitetar sistemas usando microsserviços, como automatizar seus deployment pipelines e como fazer a migração de seus sistemas para a nuvem. Estão aprendendo diferentes linguagens de programação e paradigmas, novas tecnologias e diferentes formas de testar e fazer a sustentação de seus aplicativos. Os desenvolvedores da comunidade Craftsmanship estão promovendo espaços seguros e amigáveis, nos quais podem conhecer pessoas com ideias afins e conversar sobre sua profissão.

As comunidades de Software Craftsmanship são bastante inclusivas. Desde o início, um dos principais objetivos do Software Craftsmanship era reunir desenvolvedores de software de todas as origens para que pudessem aprender uns com os outros e elevar o nível do desenvolvimento profissional de software. As comunidades Craftsmanship acreditam na abordagem agnóstica da tecnologia, e todos os desenvolvedores, a despeito do nível de experiência, são bem-vindos nas reuniões. A comunidade assumiu o compromisso de preparar a próxima geração de profissionais, promovendo diversos eventos em que as pessoas ingressantes em nosso setor podem aprender práticas essenciais com o intuito de desenvolver software de excelente qualidade.

O Impacto do Craftsmanship nas Empresas

A aceitação do Software Craftsmanship está crescendo. Muitas empresas que adotaram a agilidade agora procuram o Craftsmanship a fim de melhorar suas competências tecnológicas. No entanto, o

Software Craftsmanship não tem o mesmo apelo comercial que a metodologia ágil. XP ainda é um algo que muitos gerentes não entendem ou com o qual não ficam entusiasmados. Eles compreendem o Scrum, as iterações, as demonstrações, as retrospectivas, a colaboração e o ciclo de feedback, mas não se interessam nem um pouco por técnicas relacionadas à programação. Para a maioria, XP tem relação com programação, não com desenvolvimento de software ágil.

Diferentemente dos agile coaches do início dos anos 2000, que tinham uma sólida formação técnica, a maioria dos agile coaches da atualidade não consegue ensinar as práticas XP ou conversar com as pessoas de negócio sobre tecnologia. Eles não conseguem se sentar com os desenvolvedores e programar em pares; não conseguem falar sobre Design Simples ou ajudar na configuração de pipelines da Integração Contínua. Eles não conseguem ajudar os desenvolvedores a refatorar seu código legado, analisar as estratégias de teste e nem sustentar vários serviços em produção. Eles não conseguem explicar para as pessoas de negócios os verdadeiros benefícios de determinadas práticas técnicas, muito menos elaborar ou aconselhar sobre uma estratégia técnica.

Mas as empresas precisam de sistemas confiáveis — sistemas que lhes possibilitem responder imediatamente de acordo com as necessidades de seus negócios. As empresas também precisam de equipes técnicas motivadas e que consigam fazer um ótimo trabalho no desenvolvimento e na manutenção de seus sistemas. E é nessas áreas que o Software Craftsmanship se sobressai.

O mindset do Software Craftsmanship é fonte de inspiração para muitos desenvolvedores. Isso lhes dá um senso de propósito, um sentimento de orgulho e uma disposição inata de fazer as coisas bem. A maioria dos desenvolvedores, como as pessoas em geral, quer aprender e fazer as coisas bem feitas — eles só precisam de apoio e de um ambiente em que consigam prosperar. As empresas que adotam o Craftsmanship veem com frequência o crescimento das comunidades internas de prática. Os desenvolvedores organizam sessões internas em que programam juntos, praticam TDD e aprimoram suas habilidades de design de software. Eles se interessam por aprender tecnologias novas e por modernizar os sistemas em que trabalham; discutem formas melhores de aperfeiçoar a base de código e eliminar o débito técnico. O Software Craftsmanship promove uma cultura de aprendizado, fazendo com que as empresas sejam mais inovadoras e responsivas.

O Craftsmanship e a Agilidade

Um dos estopins para a criação do movimento Software Craftsmanship estava relacionado à frustração que muitos desenvolvedores sentiram com o rumo que a metodologia ágil havia tomado. Por causa disso, algumas pessoas sentiram que o Craftsmanship e a agilidade estavam trilhando caminhos divergentes. As pessoas do movimento Craftsmanship que também fizeram parte do movimento ágil criticavam a agilidade por seu foco excessivo no processo e sua falta de foco na tecnologia. As pessoas do movimento ágil censuravam o Craftsmanship por seu foco limitado ou pela falta de foco nos *verdadeiros* problemas de negócios e das pessoas.

Ainda que houvesse preocupações válidas de ambos os lados, a maioria dos desentendimentos estava mais associada ao tribalismo do que à divergência fundamental de opiniões. Basicamente, ambos os movimentos querem alcançar coisas bem parecidas. Ambos desejam a satisfação do cliente, querem a estreita colaboração e valorizam ciclos de feedback breves. Ambos desejam entregar um trabalho valioso de alta qualidade e querem *profissionalismo*. Com o objetivo de alcançar a agilidade nos negócios, as empresas precisam não somente de processos colaborativos e iterativos, mas também de boas habilidades tecnológicas. A combinação da agilidade e do Craftsmanship é a maneira perfeita de alcançar isso.

Conclusão

Na reunião Snowbird em 2001, Kent Beck disse que a metodologia ágil tinha a ver com cura da divisão entre desenvolvimento e negócios. Infelizmente, quando os gerentes de projetos se alastraram pela comunidade ágil, os desenvolvedores — que haviam criado a comunidade ágil — se sentiram sem chão e desvalorizados. Então, eles saíram e formaram o movimento Craftsmanship. Logo, a antiga desconfiança ainda impera.

E, mesmo assim, os valores ágeis e os do Craftsmanship estão profundamente alinhados. Esses dois movimentos não devem ser separados. Espera-se que, um dia, eles voltem a se unir mais uma vez.

CONCLUSÃO

Então, é isso. Essas são minhas recordações, opiniões, queixas e elogios a respeito da agilidade. Espero que tenham gostado e, quem sabe, aprendido uma coisa ou outra.

Talvez a metodologia ágil seja a mais significativa e a mais obstinada de todas as revoluções que vimos sobre os processos e métodos de software. Esse valor e obstinação são evidências de que as dezessete pessoas que foram para Snowbird, Utah, em fevereiro de 2001, transformaram tudo em uma grande bola de neve. Acompanhar essa bola de neve, observá-la ganhar corpo e velocidade e vê-la acertar pedras e árvores foi muito divertido para mim.

Escrevi este livro porque achei que era hora de alguém se levantar e gritar aos quatro ventos o que de fato é a agilidade e o que ainda deveria ser. Achei que já era hora de relembrar os princípios básicos.

Esses princípios foram, são e serão as disciplinas do Ciclo da Vida, de Ron Jeffries. São os valores, princípios e disciplinas do *Extreme Programming Explained*[1], de Kent Beck. São as motivações, técnicas e disciplinas do *Refactoring*[2], de Martin Fowler. Esses princípios foram

---

1. Beck, K. 2000. *Extreme Programming Explained: Embrace change*. Boston, MA: Addison-Wesley [No Brasil, *Programação Extrema (XP) Explicada*].
2. Fowler, M. 2019. *Refactoring: Improving the design of existing code*, 2° ed. Boston, MA: Addison-Wesley.

estabelecidos por Booch, DeMarco, Yourdon, Constantine, Page-Jones e Lister.

Eles foram declamados por Dijkstra, Dahl e Hoare. Você os ouviu de Knuth, Meyer, Jacobsen e Rumbaugh. E foram ecoados por Coplien, Gamma, Helm, Vlissides e Johnson. Se você prestasse atenção, teria ouvido os princípios sendo sussurrados por Thompson, Ritchie, Kernighan e Plauger. E — em algum lugar — Church, von Neumann e Turing sorriam à medida que esses ecos e sussurros se propagavam no ar.

Esses princípios são antigos, testados e verdadeiros. Não importa o quanto as pessoas tentem confundi-los, eles ainda imperam, ainda são relevantes e ainda são a alma do desenvolvimento de software ágil.

Epílogo

Por Eric Crichlow, 5 de abril de 2019

EPÍLOGO

Recordo-me com facilidade do meu primeiro trabalho em que ocorreu uma transição ágil. Foi em 2008, em uma empresa que havia sido comprada por uma corporação de grande porte. Ela estava passando por mudanças significativas em suas políticas, procedimentos e efetivo. Também me lembro de alguns outros trabalhos em que as práticas ágeis se destacaram. Os rituais eram seguidos religiosamente: planejamento de sprint, demonstração, revisão de sprint... Em uma dessas empresas, todos os desenvolvedores participaram de um treinamento ágil de dois dias e saíram certificados como Scrum Masters. Como sou desenvolvedor mobile, eles me pediram para criar um app com o intuito de jogar Agile Poker.

No entanto, nesses onze anos, desde o meu primeiro contato com a agilidade, também trabalhei em diversas empresas e, para ser honesto, não me lembro se elas usavam as práticas ágeis. Talvez seja porque a metodologia ágil se tornou tão onipresente que é fácil passar batida e nem pensarmos a respeito. Ou talvez seja porque ainda exista um número considerável de organizações que não a adotaram.

Na época em que fui apresentado à agilidade, eu não estava muito entusiasmado. O Método Cascata tinha lá seus problemas, mas eu estava em uma organização que não perdia muito tempo redigindo documentos de design. Em geral, minha vida como desenvolvedor consistia em acatar as solicitações verbais de um conjunto de funcionalidades esperadas para o próximo lançamento, ficar atento à data prevista desse lançamento e fazer a mágica acontecer. Ainda que eu pudesse me afogar e morrer na praia, isso também me dava a liberdade de estruturar minhas atividades da forma que eu quisesse. Também me deixava livre do escrutínio e da responsabilidade frequentes de uma reunião diária em que teria que explicar no que havia trabalhado ontem e em que estaria trabalhando hoje. Caso decidisse passar uma semana reinventando a roda, estava livre para tal sem que essa escolha fosse julgada por ninguém, pois ninguém sabia o que eu estava fazendo.

Um ex-diretor de desenvolvimento com quem trabalhei costumava nos chamar de "fundibulários do código". Adorávamos disparar com nossos teclados como se fossem fundas de atirar no Velho Oeste do desenvolvimento de software. Ele tinha razão. E, até certo ponto, as práticas ágeis representavam o novo xerife da cidade que tentava controlar nossas tendências aventureiras.

EPÍLOGO

A metodologia ágil se esforçou muito para me conquistar.

Seria presunção acreditar que a agilidade é o padrão dominante nas empresas de desenvolvimento de software ou que todos os desenvolvedores a adotam de modo positivo. Em contrapartida, seria ingenuidade negar a importância da metodologia ágil no mundo do desenvolvimento de software. O que isso quer dizer, afinal? Qual a importância disso?

Pergunte aos desenvolvedores de uma "organização ágil" o que significa agilidade e você provavelmente ouvirá uma resposta bem diferente do que se perguntasse a alguém do nível de gerenciamento de desenvolvimento de software. Talvez seja nesse ponto que este livro tenha sido mais elucidativo.

Os desenvolvedores entendem que agilidade é uma metodologia para simplificar o processo de desenvolvimento e fazer com que o desenvolvimento de software seja mais estável, viável e gerenciável. É normal nos atermos a essa perspectiva, porque é ela que nos afeta de forma mais direta.

Em minha experiência pessoal, muitos desenvolvedores nem conhecem o uso pela gerência das métricas fornecidas pela implementação das práticas ágeis e pelos dados que produzem. Em algumas organizações, toda a equipe de desenvolvimento participa das reuniões em que essas métricas são analisadas; porém, em muitas outras, os desenvolvedores não fazem ideia de que essas análises acontecem. Além do mais, talvez, em alguns casos, essas análises nem ocorram.

Embora conheça esse aspecto ágil, achei esclarecedor entender o propósito original e os processos de pensamento dos fundadores dessa metodologia que este livro apresenta. Foi ótimo ver os fundadores humanizados. Eles não eram uma equipe de arquitetos de software de elite, ordenados pelos mestres da engenharia de software ou eleitos pela massa de programadores de software para constituir o cânone. Eram um grupo de desenvolvedores experientes com ideias a respeito de como facilitar o trabalho e a própria vida, passando menos estresse. Estavam cansados de trabalhar em ambientes condenados ao fracasso e queriam promover ambientes que possibilitassem o sucesso.

EPÍLOGO

Parecia com a maioria dos desenvolvedores de todas as empresas em que trabalhei.

Se a reunião do Snowbird tivesse ocorrido quinze anos depois, eu poderia ver vários desenvolvedores com quem pessoalmente trabalhei, e eu mesmo, realizando uma reunião como essa e colocando as ideias em papel digital. Mas, sendo apenas mais um grupo de desenvolvedores experientes, ele deu asas sofisticadas à imaginação que podem não funcionar bem no mundo real do desenvolvimento de software corporativo. Talvez essas coisas funcionem no mundo dos consultores de tecnologia de ponta, no qual eles têm autoridade para fazer exigências, se manter nas organizações e gerenciar suas obrigações, porém, a maior parte de nós é apenas capacho, rodas dentadas nas engrenagens das fábricas de software. Somos substituíveis e temos pouquíssima influência. Assim, quando se trata de coisas como a Declaração de Direitos, entendemos que isso é um ideal, que para a maioria de nós está longe do alcance.

Quando vejo as comunidades de mídia social de hoje, sinto-me animado pelo fato de muitos desenvolvedores novos ultrapassarem as fronteiras do bacharelado em ciência da computação e de um emprego nada gratificante, fazendo conexões com outros desenvolvedores ao redor do mundo, aprendendo de muitas formas diferentes, e disseminando seus próprios conhecimentos e experiências com o intuito de ensinar e inspirar outros desenvolvedores iniciantes. Espero mesmo que a próxima mudança radical na metodologia venha de alguma reunião digital com esses jovens promissores.

Assim, enquanto esperamos o próximo grande acontecimento que a geração futura nos revelará, tire um minuto para reavaliar onde estamos e com o que temos que trabalhar no presente.

Após ler este livro, reflita por um instante. Considere os aspectos ágeis que já conhece, mas a respeito dos quais não ponderou muito. Pense neles a partir da perspectiva do analista de negócios, do gerente de projetos ou de qualquer outro gerente que não seja o desenvolvedor responsável pelo planejamento de lançamentos ou pela criação dos roadmaps de produtos. Considere o valor que a participação dos desenvolvedores nos processos ágeis agregaria para eles. Entenda como sua participação no processo afeta mais do que apenas sua carga de trabalho nas próximas duas semanas. Agora, volte e folheie o livro novamente. Se você analisá-lo a partir da perspectiva mais ampla, acredito que fará reflexões ainda mais úteis.

Depois de fazer isso, incentive outro desenvolvedor da sua organização a ler esta obra e a realizar a mesma introspecção. Quem sabe recomendar este livro a alguém que, espere… não seja um desenvolvedor. Dê este livro a alguém do lado "de negócios" da empresa. Garanto que eles nunca pensaram muito sobre a Declaração de Direitos. A vida será mais agradável se você compreender que esses direitos são tão essenciais para a agilidade quanto as métricas que eles extraem.

Talvez você diga que a agilidade assumiu ares religiosos no setor de desenvolvimento de software. Muitos de nós a aceitamos como uma prática recomendada. Por quê? Porque somos solicitados a usá-la. Virou uma tradição; as coisas funcionam assim. Para uma nova geração de desenvolvedores corporativos, é assim que é. Eles, e até muitos de nós, veteranos, não sabem de onde ela vem, nem quais eram os objetivos, propósitos e práticas originais. Você pode falar o que bem entender da religião, mas os melhores seguidores são aqueles que se esforçam para entender em que acreditam, em vez de somente acreditar no que lhes dizem. E, como na religião, não existe uma versão universalmente aceita e com regras únicas.

Imagine o alcance de ter um vislumbre das origens de sua religião, o entendimento dos eventos e pensamentos que moldaram o que constituiria o cânone para você. Quando se trata de sua vida profissional, é exatamente o mesmo. Faça tudo o que estiver ao seu alcance, evangelize as outras pessoas em sua esfera de influência e retome o objetivo original, aquele que você e praticamente todos com quem trabalhou já desejaram, falaram e provavelmente de que desistiram. Faça com que seja possível o desenvolvimento bem-sucedido de software, com que objetivos organizacionais possam ser alcançados e com que o processo de construir as coisas seja melhor.

ÍNDICE

A

abordagem top-down, 4
Administração Científica, 4–5
    Taylorismo, 4
agile coaches, 173
    demanda, 171
agilidade, 136
    dados, 28
    equipe
        práticas, 167
    grande escala, 148
ALM, 155
análise de código
    programação dupla, 131
Análise Estruturada, 8
Análise Orientada a Objetos, 8
árvore de escalonamento, 166
Avaliação do Programa e Técnica de
    Revisão(PERT), 65

B

balanço patrimonial, 117
Bamboo, 112
BDD
    Dado-Quando-Então, 91
    Desenvolvimento Orientado por
        Comportamento, 91
bug, 42
build contínuo, 111–112

C

C++, 9
cartões de histórias, 68
cenário
    mais provável, 65
    melhor, 65
    pior, 65
certificações ágeis, 145
Certified Agile Coach
    ICP-ACC, 160
Ciclo de Vida, 32–36
    Desenvolvimento Orientado a Testes, 34
    Design Simples, 34
    Integração Contínua, 34
    Pequenas Versões, 33
    Planejamento do Jogo, 33
    Programação em Dupla, 34
    Propriedade Coletiva, 34
    Refatoração, 34
    Ritmo Sustentável, 34
    Testes de Aceitação, 33
    Uso de Metáforas, 34
coach, 143
    agile coaches, 144
    treinador ágil, 143
código espaguete, 124
código-fonte
    cartões perfurados, 84
        check-out, 85
    disco, 87

ÍNDICE

fita magnética, 86
Git, 88
SCCS (Sistema de Controle de Código-Fonte), 87
Sistema de Controle de Revisão (SCR), 87
Sistema de Controle de Versão (CVS), 87
Subversion (SVN), 87
código sujo, 30
competência destemida, 51
conhecimento compartilhado, 55
contabilidade, 116
controle do código-fonte, 84–85
corte de orçamento
testes, 53
CruiseControl, 111
Crystal Methods, 8
Cucumber, 90
cultura nós vs. eles, 172

D

dados reais, 26
debugging, 119
decisão de negócios, 46
declaração de prioridade, 60
defeitos, 94
Definição de Concluído, 92
demonstração, 81
deploy, 121
desenvolvedor
ajuda, 60
desenvolvimento ágil, 38
autoaperfeiçoamento, 38
feedback, 18
valores, 139
desenvolvimento de software, 2
Desenvolvimento Orientado a Funcionalidade, 11
Desenvolvimento Orientado a Testes, 10
design
magnitude, 128
Design Estruturado, 8
Design Orientado a Objetos, 8
Design Patterns, 128
Design Simples, 127
objetivo, 128–129
regras, 127
diagrama de Ron Jeffries, 32
Dicionários de Dados, 102
difusores de informação, 153
direitos do cliente
declaração, 57
direitos do desenvolvedor

declaração, 57
diretor de tecnologia
CTO, 44
documentação, 120
duplicação de código, 109

E

Entrega Contínua, 83
equipe
de sustentação, 49
distância, 96
interação regular, 166
pequena, xix
Equipe como um Todo, 33
Equipe dos Feras, 48
especificação, 89
estabilização, 45
estimativa, 64
de três pontos, 65
probabilidade, 55
relativas e realistas, 55
eventos da equipe
alinhamento, 166
exaptação, 152
tecnológica, 152
exceções, 120

F

falácia do espantalho, 5
Família Crystal de Metodologia, 11
Fase de Análise, 20–21
Fase de Design, 21–23
Fase de Implementação, 22–23
ferramentas
físicas
simples e baratas, 153
low-tech, 154
fingimento, 141
FitNesse, 90
Flaccid Scrum, 138
Flying Fingers, 76
framework ágil, 16
Frederick Winslow Taylor, 4

G

garbage trucks, 101
gerenciamento de projetos, 15–17
agilidade, 16
esperança, 27
Restrição Tripla, 28–31
Git, 151–153

ÍNDICE

glue code, 91
gráfico, 16
    de burn-down, 17–18
    de velocidade
        inclinação, 81–83

H

hardware, 50
hierarquia, 109
história
    decompor, 78
    do usuário, 66
    funcionalidades, 24
    média
        login, 69
    mesclar, 78
    spike, 78
História de Ouro, 69

I

Idade Média
    na programação, xix
implementação
    versão, 89
inconferência, 161
Incrementos Mínimos Viáveis, 166
Inflação Desenfreada do Processo, 23
Integração Contínua, 110
International Coach Federation
    ICF, 161
INVEST, 74–76
IPM, 70–78
    Reunião de Planejamento de Iteração, 70
Iteração Zero, 24
iterações, 24–29

J

JBehave, 90
Jenkins, 112

K

Kanban, 162
    portfólio, 166
    práticas, 165
Kent Beck, 9

L

Lei de Brooks, 29
Lei dos Grandes Números, 70
LeSS, 164

Light Weight Process Summit, 11
Linguagem Onipresente, 102
linhas de código individuais, 64
lock pessimista, 87
locks otimistas, 87
Lyssa Adkins, 160

M

Manifesto Ágil, 2
    colaboração com o cliente, 13
    pessoas e interações, 13
    resposta à mudança, 13
    validação do software, 13
melhoria contínua, 51
Metáfora, 100–103
Método Cascata, 2–9
metodologia ágil, 2–36
    indústria moderna, 3
    software, 3
Metodologia de Desenvolvimento de Sistemas
    Dinâmicos, 11
Método Mikado, 152
Microsoft Project, 65
microsserviços, 172
mob programming, 132

N

Nexus, 164

P

Pequenas Versões, 83–89
perguntas poderosas, 161
pessoas de negócio
    cliente, 58
pillory board, 156
planejamento, 58
    cronograma e custo, 58
Planning Poker, 77
POA, 2
ponto médio da iteração, 72
pontos de história, 65
prazo, projeto, 18
    razões comerciais, 29
pré-ágil, 5
Processo Unificado da Rational, 2
Product Owners, 172
produtividade, 47
profissão x emprego, 181
programação em dupla, 129
    custo, 131

ÍNDICE

Programação Estruturada, 8
Programação Lógica, 2
Programação Orientada a Objetos, 2
    OOP, 8
programadores
    vocabulário, 101
projeto de software, 5
    gerência, 15
Propriedade Coletiva, 107
Prospecção, 25

Q

QA, 80–87
    back-end, 92
    front-end, 92

R

recursividade, 64
recursos humanos, 47
redesign, 123
refatoração, 75
requisitos, projeto, 19
Ressaca Ágil, 172
Retorno sobre o Investimento (ROI), 71
Reunião sobre Processos Leves
    Snowbird, 11
Reuniões Diárias, 113
ritmo sustentável
    horas extras, 103

S

SAFe, 164
Scrum, 9
    práticas, 165
    Product Owner, 95
Scrum Master, 144
Scrum@Scale, 164
série de Fibonacci, 77
servidor de build contínuo, 94
sistemas
    alta qualidade, 45
    tecnicamente implementável, 46
software
    ferramentas
        categorias, 150
    mudança, 50
    objetivo, 59
    sistema, 40–42
Software Craftsmanship, 175–177
    Manifesto de Software Craftsmanship, 176

    técnico, 182
SOLID, 178
SpecFlow, 90
sprints, 24
suíte de testes, 121

T

TCR, 152
TDD, 91
    Três Regras, 118
TeamCity, 112
teoria de controle, 82
testabilidade, 122
    desacoplamento, 123
teste
    aprovado, 121
    automatizado, 54
    completude, 122
    de aceitação, 80–81
    manual, 53
Teste Exploratório, 54
ThoughtWorks, 111
trabalhar de casa, 97
transformação ágil, 139
transformações ágeis, 173
treinamento ágil, 160

U

unidade de esforço estimado, 70

V

valores ágeis, 136–138
    comunicação, 136
    coragem, 136
    feedback, 137
    simplicidade, 137
velocidade, 71–72
Vermelho/Verde/Refatore, 125
Volkswagen, 43

W

Ward Cunningham, 33
Wideband Delphi, 76

X

XP
    Extreme Programming, 9
    práticas, 165

CONHEÇA OUTROS LIVROS DA ALTA BOOKS

Todas as imagens são meramente ilustrativas.

CATEGORIAS

Negócios - Nacionais - Comunicação - Guias de Viagem - Interesse Geral - Informática - Idiomas

---

SEJA AUTOR DA ALTA BOOKS!

Envie a sua proposta para: autoria@altabooks.com.br

Visite também nosso site e nossas redes sociais para conhecer lançamentos e futuras publicações!

www.altabooks.com.br

ALTA BOOKS
EDITORA

/altabooks ▪ /altabooks ▪ /alta_books

ROTAPLAN
GRÁFICA E EDITORA LTDA

Rua Álvaro Seixas, 165
Engenho Novo - Rio de Janeiro
Tels.: (21) 2201-2089 / 8898
E-mail: rotaplanrio@gmail.com